7급 공무원/ 민간경력자

공단기
7급 PSAT
필수 모의고사
언어논리

7급 PSAT 필수 모의고사 활용법

[공단기] 필수 모의고사 구성 및 특징

지난 몇 년간의 7급 PSAT 본고사에 출제된 문항들을 분석해 보면, 해마다 미묘한 변화가 있긴 하지만 전체적인 출제 경향은 일관성 있게 유지됨을 알 수 있습니다. 공단기 7급 PSAT 필수 모의고사는 이런 분석데이터를 기반으로 7급 PSAT 본고사에서 실제로 출제되는 문제 유형과 난이도에 맞는 필수 문항들을 선별하여 구성한 모의고사입니다.

- 최고난도나 신유형의 문항을 배제하고, 합격선 달성을 위해 필수적인 유형의 문항을 중심으로 구성
- 전국 모의고사를 통해 검증된 문항 중에서 최신 기출의 출제 경향에 맞는 문항만 선별
- 교재에 수록된 모의고사 외에 온라인으로 2회분의 모의고사를 추가로 제공

[공단기] 필수 모의고사 활용 포인트

1. 모든 문제에 도전하기

필수 모의고사는 최고난도 문항을 배제한 문항들로 구성되어 있습니다. 즉 문제 대부분이 도전해볼 만한 수준의 문제들로 구성되어 있습니다. 실제 시험에서는 시간이 오래 걸리는 고난도 문제를 건너뛰는 풀이 방법을 사용하기도 합니다. 그러나 필수 모의고사는 이러한 문항들을 많이 배제했기 때문에 풀이 시간 안에 모든 문제를 해결하려고 시도해야 합니다. 그리고 시간상 풀지 못한 문제라도 차후에 스스로 해결할 수 있는지를 확인하여, 풀지 않고 버리는 문제를 최소화하는 연습을 하는 것을 추천드립니다.

2. 자신의 판단 근거가 올바른지를 중점적으로 피드백하기

필수 모의고사를 풀고 이를 피드백 하는 과정에서 중요한 것은 결과적으로 정답이 맞았는지가 아닙니다. 여기서 중요한 것은 해설과 비교하여 자신이 생각한 정답의 판단 근거가 올바른지를 확인하는 것입니다. 이는 PSAT가 지식시험이 아니기에 정답을 찾는 사고 과정이 중요하기 때문입니다. PSAT 문제를 풀다 보면, 판단 근거가 명확하지 않아도 어쩌다 보니 정답이 맞은 경우가 종종 있습니다. 이러한 경우를 정답이 맞았다는 이유만으로 교정하지 않고 지나친다면 유사한 문제를 풀 때 다시 정답을 선택한다는 보장을 할 수 없습니다. 따라서 자신의 판단 근거를 확인하고 교정하는 훈련이 꼭 필요하며, 검증된 문항으로 구성된 필수 모의고사가 이러한 훈련에 도움이 될 것입니다.

공단기 PSAT 연구소 드림

7급 채용 프로세스

국가직 7급 공개경쟁채용 시험이란?

공무원 신규 채용을 함에 경쟁시험을 실시하여 공무원으로 채용하는 제도로서 균등한 기회 보장과 보다 우수한 인력의 공무원을 선발하는 데 목적이 있다.

- 응시연령: 공직을 희망하는 사람에게 연령에 관계없이 균등한 기회를 부여하기 위하여 응시상한연령 폐지
    → 일반직 채용시험: 7급 이상 – 20세 이상, 8급 이하 – 18세(교정·보호직렬은 20세) 이상
- 학력: 공직을 희망하는 사람에게 학력에 관계없이 균등한 기회를 부여하기 위하여 학력 제한 폐지

채용 프로세스

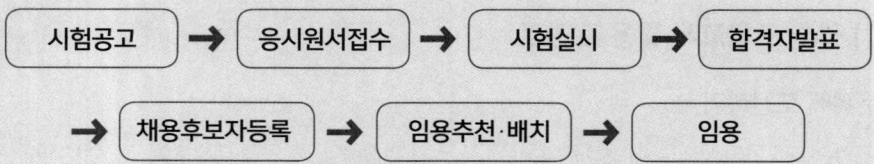

시험공고 → 응시원서접수 → 시험실시 → 합격자발표 → 채용후보자등록 → 임용추천·배치 → 임용

채용 시험 절차

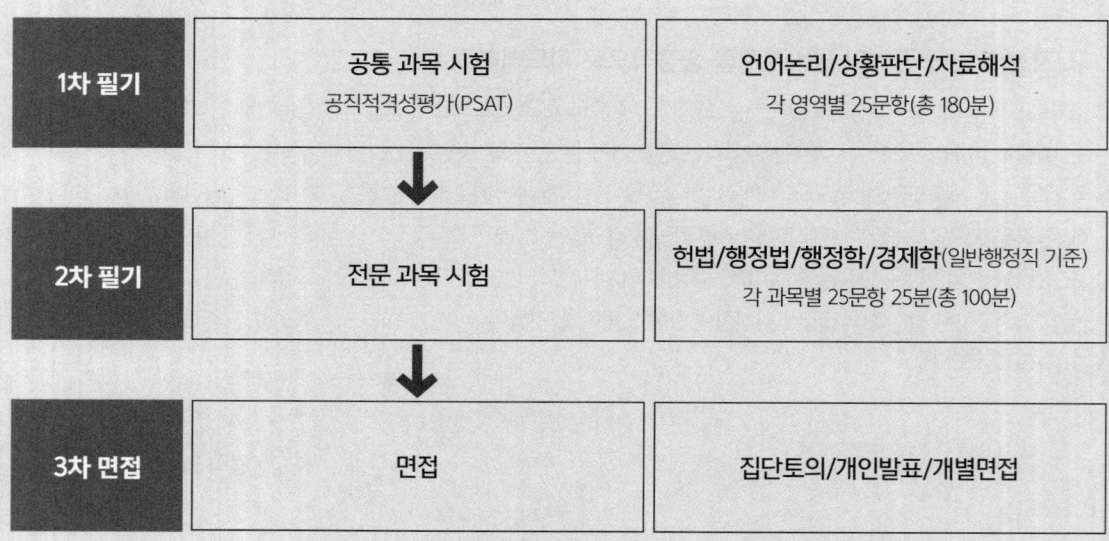

1차 필기	공통 과목 시험 공직적격성평가(PSAT)	언어논리/상황판단/자료해석 각 영역별 25문항(총 180분)
2차 필기	전문 과목 시험	헌법/행정법/행정학/경제학(일반행정직 기준) 각 과목별 25문항 25분(총 100분)
3차 면접	면접	집단토의/개인발표/개별면접

7급 PSAT 설명

PSAT 도입 경과와 적용 시험

(1) PSAT 도입

PSAT는 2000년 2차례의 실험평가를 거쳐 2004년 외무고시에 처음 시행하였고 2005년에 행정 고등고시, 견습직원 선발에 확대하였으며, 2021년 7급 공채에도 도입되었다.

2004년	2005년	2011년	2015년	2021년
외무고시 도입	행정고시, 외교관 후보자, 견습 선발 시험 도입	5급 민간경력자 채용 선발 시험 도입	7급 민간경력자 채용 선발 시험 도입	7급 공개 채용 선발 시험 도입

(2) PSAT 적용 선발시험

① 5급(행정·기술) 공개 경쟁 채용 시험 / 외교관 후보자 선발시험 / 지역 인재 수습직원 선발 시험 / 입법고시 1차 시험

[시험 문항수 및 시간]

영역	문항수	시험시간
언어논리	40문항	90분
자료해석	40문항	90분
상황판단	40문항	90분

① 7급 공채 / 5급·7급 민간경력자 일괄 채용 시험

[시험 문항수 및 시간]

영역	문항수	시험시간
언어논리	25문항	120분
자료해석	25문항	
상황판단	25문항	60분

7급 공채 제1차 시험 시간표

구분	시험시간(정규시간 기준)		진행사항 및 시험과목	비고
응시자 교육 등	13:00 ~ 13:30	30분	13:30까지 시험실 입실	
1교시	13:30 ~ 15:30	120분	언어논리영역, 상황판단영역*	과목당 25문항 / 5지 택1형
휴식시간	15:30 ~ 16:00	30분	16:00까지 시험실 입실	
응시자 교육 등	16:00 ~ 16:30	30분	소지품 검사, 답안지 배부 등	
2교시	16:30 ~ 17:30	60분	자료해석영역	25문항 / 5지 택1형

• 1교시에는 2개 과목(언어논리영역, 상황판단영역)이 1개의 문제책으로 합본되어 같이 배부되며, 과목별 문제풀이 시간은 구분되지 않음

PSAT란?

공직적격성평가
(Public Service Aptitude Test : PSAT)란?

정의

PSAT(공직적격성평가, Public Service Aptitude Test)는 지식기반사회에서 정치·경제·사회·문화의 급속한 변화에 신속히 적응하고 공직과 관련된 상황에서 발생하는 새로운 문제에 대처할 수 있는 문제해결의 잠재력을 가진 사람을 선발하기 위해 도입된 시험이다.

PSAT는 특정과목에 대한 전문지식의 성취도 검사를 지양하고 신임관리자로서 필요한 기본적인 소양과 자질을 측정하는 시험으로 이를 위해 논리적·비판적 사고능력, 자료의 분석 및 정보추론능력, 판단 및 의사결정능력 등 종합적 사고력을 평가한다.

언어논리영역	글의 이해, 표현, 추론, 비판과 논리적 사고 등의 능력을 검정
자료해석영역	수치자료의 정리와 이해, 처리와 응용계산, 분석과 정보추출 등의 능력을 검정
상황판단영역	상황의 이해, 추론 및 분석, 문제해결, 판단과 의사결정 등의 능력을 검정

PSAT는 지식을 측정하는 시험이 아닌 논리적 사고력을 평가하는 시험으로 다음과 같은 출제방향에 의해 만들어진다.

- 지식정보화시대 가치 창출에 필요한 학습능력과 문제해결능력 등 종합적 사고력을 평가하는 문제를 출제한다.
- 이미 습득한 지식의 양을 측정하는 문제보다는 잠재적 업무수행능력을 측정하는 문제를 출제한다.
- 언어논리, 자료해석, 상황판단의 각 영역별 측정목표에 부합하는 문제를 출제한다.
- 전문지식은 배제하고 대학일반 교양수준의 지문과 자료를 활용한다. 전문지식이 필요할 때는 해당 지식을 별도로 설명해 주도록 한다.
- 지식을 단순히 암기하여 해결할 수 있는 문제는 피하고 종합적이고 심도 있는 사고를 요하는 문제를 중심으로 출제한다.
- 속도검사가 아니라 역량검사가 될 수 있도록 출제한다.

언어논리란?

(1) 정의
글을 논리적으로 이해하고 표현하고 비판하는 능력을 검정한다.

(2) 평가항목
다음은 시험에서 평가하고자 하는 내용에 대한 일반적인 특성을 진술한 것이다. 그러나 실제 문제는 다양하게 변형되어 출제될 수 있다.

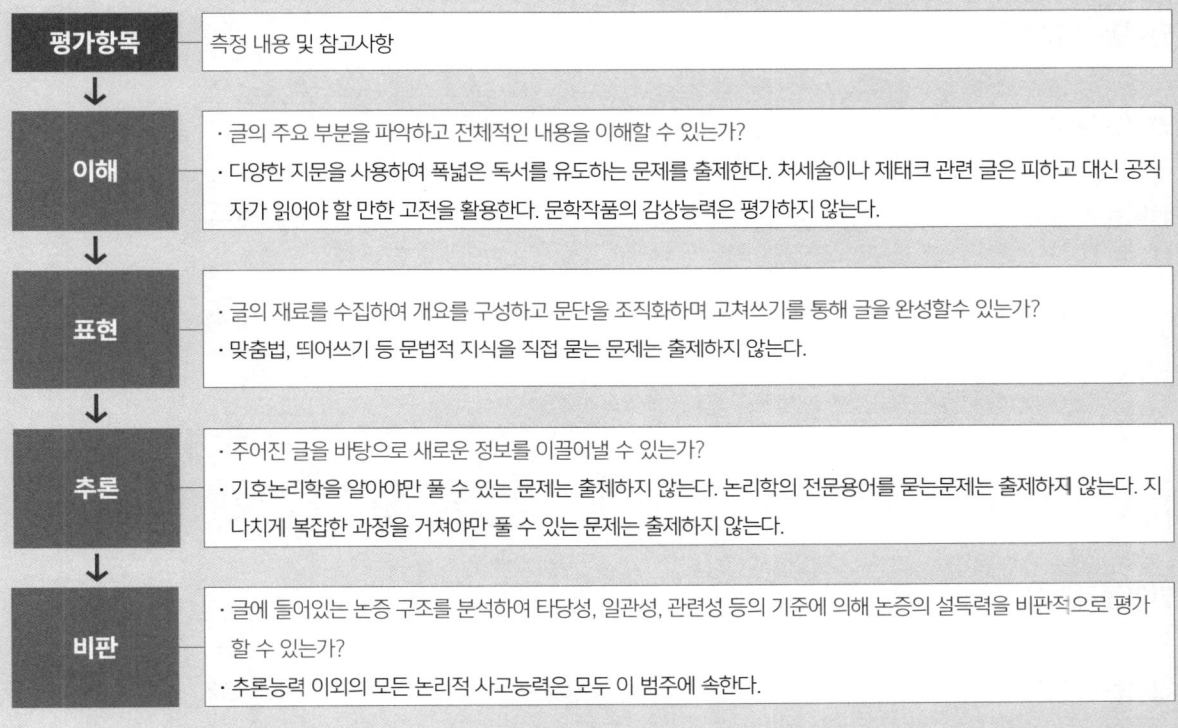

(3) 글의 소재
① 특정 학문의 전공자에게 유리하지 않도록 지문의 소재를 인문과학, 사회과학, 자연과학 등에서 골고루 사용한다.
② 공직자에게 권할만한 좋은 책이나 다양한 분야의 고전뿐만 아니라 서신, 설명, 홍보, 연설, 대화 등 실용적인 글도 지문으로 이용할 수있다. 문학 지문은 가급적 사용하지 않는다.
③ 문제를 푸는 데 필요한 지식은 대학의 교양수준을 넘지 않는 수준에서 구성하였으며, 대학교양 수준을 넘는 전문 용어가 포함될 경우 비전공자도 충분히 이해할 수 있도록 용어의 의미를 주석으로 달아준다.

목차

7급 PSAT 필수 모의고사 언어논리

문제편

언어논리 1회 ········ 11

언어논리 2회 ········ 27

언어논리 3회 ········ 43

해설편

언어논리 1회 ········ 03

언어논리 2회 ········ 09

언어논리 3회 ········ 15

공단기
7급 PSAT
필수 모의고사

언어논리

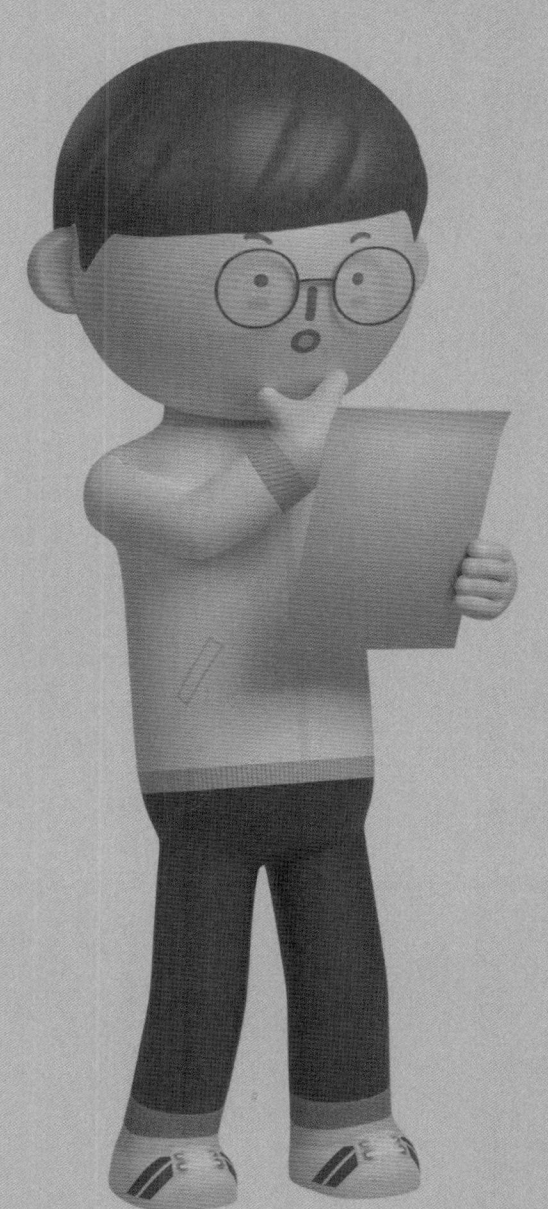

문제편

1회

언어논리영역

문 1. 다음 글의 내용과 부합하는 것은?

　　우리 상고사에서 가장 오래된 국가로 꼽히는 고조선과 그 고조선의 건국자인 단군은 현재 우리나라에서 가장 오래된 역사서로 공인된 『삼국사기』에는 아예 언급조차 되어 있지 않다. 이에 관한 언급은 같은 고려시대이기는 하지만 『삼국사기』에 비해 늦게 작성된 『삼국유사』와 『제왕운기』에 비로소 나타난다. 그러나 『삼국유사』는 승려가 쓴 야사(野史) 정도로, 『제왕운기』는 운율시의 형태를 띤 문학작품으로 간주되어 『삼국사기』보다 그 사료적 가치는 낮은 것으로 평가되고 있다.

　　먼저 『삼국유사』는 단군에 대해 다음과 같이 적고 있다. "단군왕검은 요임금이 즉위한 지 50년이 되는 경인년에 평양성에 도읍을 정하고 나라를 세워 비로소 조선이라고 불렀다. 다시 도읍을 백악산 아사달로 옮겼는데… (중략) 그는 1500년 동안 백악산에서 나라를 다스렸다. 주나라 무왕이 즉위하던 기묘년에 기자를 조선에 봉하니 단군은 장당경으로 도읍을 옮겼다가 그 후 아사달로 돌아와 산신이 되었는데 이때 나이가 1,908세였다." 여기서 1908년을 한 개인의 수명으로 볼 수는 없으므로, 단군은 고유명사가 아니라 임금을 호칭하는 보통명사로, 1908년은 단군이 통치한 고조선의 존속기간으로 각각 읽어야 할 것이다.

　　한편 『제왕운기』는 단군과 그의 나라에 대한 역사를 다음과 같이 적고 있다. "처음으로 어떤 사람이 나라를 열고 바람과 구름을 인도하였다. 석제의 후손으로 그 이름은 단군이었다. 요임금이 일어난 시기와 같은 해 무진년에 나라 세워 순임금 시대를 거쳐 하나라 시대를 지나기까지 왕위에 있었다. 은나라 무정 8년 을미년에 아사달에 들어가 산신이 되었다. 나라를 다스리기 1028년째였다. 그 뒤 164년 만에 어진 사람이 나타나 겨우 군주와 신하를 부활시켰는데, 이 후조선의 조상인 기자는 주나라 무왕 원년인 기묘년 봄에 도망해와 이곳에 이르러 스스로 나라를 세웠다." 비록 인용된 『제왕운기』의 구절에 단군이 세운 나라의 이름은 표기되어 있지 않지만, 인용된 『삼국유사』의 구절과 함께 읽었을 때 그 이름이 조선임은 쉽게 추론할 수 있다.

① 『삼국사기』, 『삼국유사』, 『제왕운기』 중에서는 늦게 작성된 것일수록 사료적 가치가 높은 것으로 평가된다.
② 『삼국사기』와 『제왕운기』에는 동일한 인물이 고조선 건국자로 기록되어 있다.
③ 『제왕운기』에 따르면 기자는 고조선을 멸망시키고 후조선을 건국하였다.
④ 『삼국유사』와 『제왕운기』에서 단군의 마지막 행적은 다르게 서술되어 있다.
⑤ 『삼국유사』와 『제왕운기』는 고조선의 건국 시기를 다르게 파악하고 있다.

문 2. 다음 글에서 알 수 있는 것은?

　　격언은 오랜 세월 동안 인간의 삶 전반에 걸친 여러 가지 일상적 생활경험을 통해 얻어낸 생활철학으로서 시대와 사회상을 반영하는 관용적인 표현이다. 이러한 관용구는 풍자와 교훈을 포함하고 있고, 사회질서를 유지하기 위해 사회구성원들에게 올바른 국가관과 윤리관을 심어주는 기본이 된다. 또한 이를 만들고 향유하는 것에는 빈부귀천의 차별이나 남녀노소를 가리지 않고 지배층이나 지식층 등도 포함한 민족 구성원 전체가 참여하였다.

　　일제강점기에 제작된 『조선위생풍습록』은 당시 삶의 모습과 의식이 반영된 관용구를 통해 조선 사회에 광범위하게 퍼져 있는 위생과 관련된 격언을 주제별·지역별로 조사 수집한 내용을 기록한 것이다. 질병과 위생에 대해 경계해야 할 사항과 건강 및 장수를 위한 방법으로써 음식·양생(養生)·의약·기거(起居)에 관한 금기가 각각 기록되어 있다. 첫째, 음식 금기에서는 음식과 술을 절제하고, 부패하거나 상한 음식, 익지 않은 과일, 폐사한 금수(禽獸), 독소가 있는 음식 등에 경계한 반면, 소식(小食)과 채식(菜食)을 하고, 담백하고 자양분이 많은 음식을 권장하였다. 절제되고 바른 음식의 섭취는 양생의 한 방법으로서 음식은 육체를 키우는 자양분인 동시에 병을 고칠 수 있는 약이라는 약식동원(藥食同原)의 원리로 인식하였다. 이러한 인식론은 '음식으로 고치지 못하는 병은 의사도 못 고친다'라는 고대 서양의 격언처럼 동서양을 막론하고 음식에 대한 중요성을 밝히고 있다. 둘째, 양생 금기에서는 평소 규칙적인 식사와 운동습관을 갖고 주색(酒色)을 멀리하여 정기가 상하지 않도록 주의하고 있고, 양생법은 스스로 자기 자신에게서 구해야 하며 건강은 부귀와도 바꿀 수 없는 행복의 기초로 여겼다. 셋째, 의약 금기에서는 의학에 밝지 못하고 자질 없는 의원에 대한 세태 풍자와 잘못된 의약 처방에 대한 경계를 기술하였다. 넷째, 기거에 대한 금기에서는 청결은 위생의 근본으로서 깨끗한 주거환경의 중요성을 강조하며 바람, 추위, 더위, 습기를 피해 적절한 온도에서 생활해야 한다.

① 격언의 작자는 주로 지배층이나 지식층으로 이루어져 있다.
② 격언은 일상생활의 사소한 규범들을 제시하는 것으로 국가관이나 윤리관에까지 그 영향이 미치지는 않는다.
③ 『조선위생풍습록』은 시대 및 지역과 관계없이 조선 사회의 위생 분야 격언을 주제별로 모아 놓은 것이다.
④ '더러운 곳의 배부른 개구리보다 깨끗한 곳의 굶주린 매미가 낫다.'라는 격언은 기거 금기에 해당한다.
⑤ '좋은 약 천첩이 하룻밤 독방(獨房)에서 자는 것만 못하다.'라는 격언은 의약 금기에 해당한다.

문 3. 다음 글의 핵심 논지로 가장 적절한 것은?

> 인공지능이 권리의 주체 또는 인격의 주체가 되는 문제는 인공지능의 행위에 대한 법적인 효력 부여와 관련이 있다. 예를 들면 자율주행차의 운행 주체를 인공지능으로 볼 것인지 아니면 탑승, 조작한 인간으로 볼 것인지의 문제이다. 만일 인공지능을 운전자로 보기 위해서는 그 법적 효력을 부여해야 해서 인공지능의 주체성을 인정하지 않으면 안 된다. 이는 사고 책임에서도 마찬가지이다. 인간이 전혀 관여하지 않은 상태에서 발생한 교통사고의 민형사상 책임에 대하여 인공지능에 책임을 묻게 된다면, 이는 인공지능 주체성의 인정과 관련이 있을 수밖에 없다. 이러한 문제들이 아직 해결되지 않았다는 점은 자율주행차가 아직 상용화되지 못한 이유 중의 주요 원인으로 꼽힌다. 즉 자율주행차 상용화의 최대 걸림돌은 기술 문제보다는 법적 규제의 문제인 것이다.
> 전통적인 행위와 책임 체계는 인격을 가진 사람 중심으로 만들어져 왔다. 처음에는 자연인만이 권리능력을 가지다가 사회적으로 활동을 하고 실체를 가진 단체에도 그 필요 때문에 인격이 부여되었다. 이를 법인의 인격이라고 하여 보통 '법인격'이라고 한다. 인격 주체가 자연인으로부터 단체로 확장되었는데, 여기서 더 나아가 동물의 인격 주체성을 인정할 수 있는지, 인공지능의 인격 주체성을 인정할 수 있는지의 문제가 대두되어 논의되고 있다.
> 생명체인 동물에게도 여전히 인격 주체성이 인정되지 않고 있는 상태에서 기계인 인공지능에 인격 주체성을 인정할 수 있을까? 아직은 시기상조인 관념이지만 필요 때문에 단체에 법인격을 부여해주고 그 판단기준을 설정한 것처럼, 인공지능에도 인격 주체성을 인정할 필요가 있으므로 이를 인정해주고 그 판단기준을 설정해야 한다. 이를 위해서는 인간 중심의 인격 체계에서 벗어나는 용단이 필요하다.

① 인공지능도 사고 책임에서는 자유로울 수 없다.
② 동물과 인공지능의 인격 주체성을 인정해야 한다.
③ 인공지능의 인격 주체성 인정 문제는 기술적 문제보다 법적 문제를 해결하기 위해서이다.
④ 자율주행차의 상용화를 위해서는 이에 대한 법적 규제 수단이 빠르게 마련되어야 한다.
⑤ 필요 때문에 법인격을 도입한 것과 같은 이유로 인공지능에도 인격 주체성을 인정해야 한다.

문 4. 다음 글에서 알 수 있는 것은?

> 지구 평균기온이 1도 올라갈 때마다 세계 주요 곡물 생산량은 3~7퍼센트 정도 감소하는 것으로 추정된다. 하지만 증가하는 인구를 부양하려면 매년 2~3퍼센트의 식량 증산이 필요한 것이 현실이다. 지구온난화로 작물의 생육조건이 불리해지는 환경 속에서 2050년까지 35퍼센트의 식량을 더 생산해야 한다. 여기에는 농경지를 늘리지 않아야 하고, 농업에서 발생하는 온실가스를 줄여야 하며, 생물 다양성을 증가시킨다는 전제 조건이 부과된다. 그렇다면 어떻게 식량 생산을 늘릴 수 있을 것인가.
> 우리는 식량 생산을 늘리기 위해서 더 많은 농경지가 필요하다고 생각하는 경향이 있는데, 꼭 그렇지만은 않다. 현재 농경지로 개발할 수 있는 거의 모든 땅은 이미 작물 생산에 사용되고 있다. 추가로 개발되는 지역은 아마존과 동남아시아의 열대우림 지역이 대부분을 차지한다. 새로 개발된 땅의 대부분은 소를 방목하고 사료용 대두를 재배하고 팜유를 생산하게 될 뿐이다. 숲을 훼손하는 것보다 복원하여 지구의 기후를 안정시키는 것이 세계의 식량 안보에 더 도움이 된다는 사고의 전환이 필요하다. 이와 더불어 농업 생산성을 높이는 방안도 고려해야 한다. 우수한 품종, 비료의 개선, 농기계 개발과 같은 전통적 방법 이외에도 물과 비료 등 자원의 사용 기술을 최적화함으로써 환경 부하를 줄이면서 생산성을 높이는 방안을 추구해야 한다. 하지만 이렇게 농업 생산성을 높이는 것만으로는 90억 명이 넘어가는 사람들에게 충분한 영양을 공급하는 것은 여전히 어렵다.
> 칼로리 기준으로 전 세계 작물 중 55퍼센트 정도만 사람들이 직접 섭취하고, 36퍼센트는 가축의 사료로 사용되며, 약 9퍼센트는 바이오 연료와 산업 연료로 사용된다. 만약 축산업의 생산성을 높이고, 육류의 소비를 줄인다면 상당한 양의 식량을 확보할 수 있을 것이다. 또한 폐기되는 식품을 줄이는 것도 중요하다. 전세계에서 소비되는 식품 중 칼로리 기준 25퍼센트, 무게 기준 최대 50퍼센트가 섭취되지 않고 손실된다. 가난한 나라에서는 저장과 운송 시스템이 부실해서 대부분의 문제가 발생하고, 선진국에서는 남은 음식물이 문제이다. 따라서 음식 폐기물을 줄이고 폐기물을 재활용하는 비율을 높이는 방안 역시 중요하게 다루어져야 한다.

① 현재 작물 생산량을 3퍼센트 늘리는 것이 더 좋은 기술이 사용될 2050년에 3퍼센트 늘리는 일보다 더 어렵다.
② 면적당 생산량의 한계가 있기 때문에 식량 생산을 늘리기 위해서는 더 많은 농경지의 확보가 필수적이다.
③ 농업 생산성을 높이기 위한 방안으로 새로운 비료나 농기계를 개발하는 일은 이제는 더 이상 큰 효과를 거두기 어렵다.
④ 농경지 확보를 위해 열대우림 지역을 개발하는 일보다 숲을 복원하는 일이 식량안보에 더 큰 도움이 될 수 있다.
⑤ 선진국에서 폐기되는 음식물을 줄이기 위해서는 음식물 저장 및 운송 시스템의 혁신이 필요하다.

문 5. 다음 글에서 알 수 없는 것은?

　사초와 실록은 조정(朝廷)이라는 정치 현장, 공적 제도 속에서 작성되고 편찬되었다. 정치 현장에는 여러 양태의 조정과 화해가 있는 한편, 갈등과 대립도 있게 마련이다. 정치는 사회 구성원의 삶에 영향을 미치는 어떤 정책을 기획·관리하는 행위이고, 정책의 운영은 곧 권력을 수반한다. 또한 같은 사안에 대해 두 가지 정책을 동시에 추진하기 어려운 경우가 대부분이라 어느 하나의 정책을 선택할 수밖에 없다. 여기에 정책, 나아가 정책을 추진하는 권력의 배타성이 있다. 당연히 이러한 정책의 배타성은 그 정책을 추진하는 정치 세력의 배타성으로 이어진다. 좋지 않은 어감을 담고 있기는 하지만 '권력투쟁'이란 바로 이런 정책과 정치 영역의 본질적 측면이다. '역사투쟁', '기억투쟁'은 이 권력투쟁과 겹쳐 있다.
　정치제도는 이러한 행위가 관례화됨으로써 탄생한다. 관례의 제도화에는 동의, 기각, 합의의 과정이 포함되게 마련이다. 설령 누군가에 의해 자의적으로 만들어졌더라도 제도는 늘 형식적이나마 그런 절차를 밟아 성립된다. 물론 대체로 그 자의성에 비례하여 해당 제도의 수명이 짧다는 사실을 역사는 보여주고 있다. 이렇게 제도는 그 제도를 둘러싼 사람들과 집단들의 견해나 이해가 다듬어지면서 현실 속에서 형성된다. 그러나 어떤 제도든지 그 제도가 성립되었다고 해서 곧 현실적으로 작동하지는 않는다. 즉, 그 제도를 성립시킨 직·간접적인 주체들의 동의를 얻었다고 해서 실행까지 자동적으로 보장되지는 않는다. 모든 제도는 성립 과정과 마찬가지로 정착 과정에서도 긴장과 그 긴장의 해결 과정을 겪게 된다. 정착 과정이란 그 제도를 만든 애초의 목적을 달성하기 위한 운영 과정이며, '제도의 현실화' 또는 '제도의 구현'이라고 표현할 수 있다.

① 배타성은 정치 권력과 정책의 공통적인 특징이다.
② 권력이 수반되지 않는 정책은 제대로 운영되기 어렵다.
③ 제도는 소수의 엘리트들이 모여 한 번에 만들어내는 것이 아니다.
④ 역사에 따르면 어떤 제도를 길게 유지하고 싶은 경우에는 그 성립과정에서 자의성을 최대한 억제해야 한다.
⑤ 치열한 권력투쟁 절차를 거쳐 제도와 관련된 모든 주체들의 동의가 이루어졌다면 그 순간 제도는 구현된 것이다.

문 6. 다음 글에서 알 수 있는 것은?

　중국의 당나라는 당시 세계 문화의 쌍벽을 이루며 문예 창작 방면에서 우열을 다퉜다. 그러나 과학연구 분야에서만큼은 당나라가 이슬람을 따라잡지 못했다. 전성기 시절 이슬람은 세계에서 가장 오래된 문명지대에 걸쳐 있었고, 헬레니즘의 유산을 계승하였다. 기독교를 신봉하던 동 로마가 고대 이교도를 진압하자 당대의 고전학자들이 어쩔 수 없이 자신의 터전을 떠나 사산조 페르시아로 피난해 왔는데, 그들이 그 계승자인 이슬람을 위하여 그들이 보유한 문화유산을 풍성하게 발전시켰으니, 동시대 서방은 스스로의 선택에 의해 퇴보하였다고 볼 수 있다. 이슬람은 중국과 인도 등 이웃 나라로부터 문화적 양분을 흡수하였고, 그 결과 당나라가 더불어 경쟁할 수 없는 수준에 이르렀다. 그러나 세계 역사에서 이슬람 문명이 맡았던 가장 두드러진 역할은 서양 근대 과학 혁명을 위한 길을 닦았다는 점이다. 많은 이가 이슬람 과학이 훗날 신앙적 핍박 때문에 단명했다고 하지만 사실 이슬람은 로마 교회와 같은 전제적 조직이 없어 화형으로 과학자를 태워죽이는 것과 같은 일은 발생할 수 없었다. 종교적 폐쇄성이 과학의 정체를 초래했다고 해석한다면, 지극히 세속화되다 못해 창세신화조차 없는 중국이야말로 과학 발전의 온실이 되었어야 했지만 그러지 못했다.
　이슬람 전성기에는 과학연구 분야와 더불어 종교학 계통이 완비되었다. 이슬람 신앙에서 '하디스(언행록)'는 『코란』 다음의 권위적 문헌이었던 까닭에 책으로 엮어 『성훈집』이 되었는데, 이는 선지자가 그 동료들과 주고받은 말을 엮은 어록을 그 내용으로 한다. 『성훈집』과 『코란』은 이슬람의 성률(聖律)을 이루는 공동 기반이 되었다. 『코란』은 지나치게 간략해서 이를 무슬림의 생활과 행동거지를 절제하는 구체적인 규율로 삼기는 어렵다. 그래서 '성훈'을 수집하게 되는데, 가장 열심인 자는 성률 학자가 되었고, 그들은 인간 행위에 대한 판결 시 반드시 '성훈'에서 선례를 찾아야만 했다. 만일 선례가 없다면 법률학자가 의견일치를 보아 판결하였는데 이를 선도단체 전체의 의견과 동등하다고 봤다. 이슬람 성률을 해석하는 학문은 법학이 되었는데, 이는 오늘날 좁은 의미의 법률학이 아니고, 생활과 행동거지, 심지어 거주와 음식을 절제하는 것을 포함한 계율을 말한다.

① 이슬람은 외부의 영향 없이 문화를 독창적으로 발전시켰다.
② 성훈에서 선례를 찾을 수 없는 사건은 판결하지 못했다.
③ 무슬림들은 『코란』에 따라 자신의 생활과 행동거지를 절제한다.
④ 이슬람의 성률은 개인의 사적 영역의 일부도 규율의 영역에 포함시킨다.
⑤ 종교적 폐쇄성으로 인해 이슬람에서 과학이 꽃피운 기간은 길지 않았다.

문 7. 다음 글의 ㉠~㉤에서 문맥에 맞지 않는 곳을 찾아 적절하게 수정한 것은?

> 과학의 영역을 깊이 파고들어 갈수록 우리는 사고 집단과 더 많이 결합하게 되고, 연구자와 더 직접 접촉하게 된다. 간단히 말해 인식의 능동적 요소가 증가하게 된다. 이와 병행하여 다른 변화도 감지되는데, 그것은 필연적으로 일어나는 수동적 관계의 수도 증가한다는 점이다. 왜냐하면, 모든 인식의 능동적 요소에는 필연적으로 ㉠ 수동적 관계가 대응하고 있기 때문이다. 예를 들어 추출을 준비하는 데 알코올을 사용하는 것은 능동적 지식 요소지만, 이 추출에 알코올을 사용할 수 있다는 점은 수동적으로 일어난 사실, 즉 필연적으로 일어난 사실이다. 또한 집단적 상상에서 유래한 화학적 원소와 원자 개념을 구성하고 사용하는 것은 이들 개념을 인식하는 사람과 ㉡ 무관하게 벌어지는 상황이다. 산소의 원자량 16이라는 수가 거의 관습적·자의적으로 유래한 것이라고 우리는 알고 있다. 그러나 산소의 원자량이 16이라고 받아들여진다면, 수소의 원자량은 필연적으로 1,008이 되어야만 한다. 이때 두 원소 간의 질량비를 나타내는 비율은 ㉢ 능동적 지식 요소에 해당한다.
> 모든 화학 법칙은 능동적 부분과 수동적 부분으로 나누어 볼 수 있다. 한 영역 속으로 깊숙이 파고 들어갈수록 두 요소의 수는 점점 더 많아진다. 지식의 깊숙한 내면에는 단지 수동적인 요소만 있는 것이 아니다. 과학적 사실을 잠정적으로 정의해보면 '사고 양식에 따른 개념 관계'를 말한다. 물론 이 개념 관계는 역사적 관점, 개별 심리학적 관점과 집단 심리학적 관점에서 탐구될 수 있다. 하지만 이들 관점에서 개념이 즉각적으로 완전한 내용으로 구성되는 것은 아니고, 그저 이 현상은 능동적 부분과 수동적 부분이 ㉣ 분리되지 않고 결합되어 있음을 나타낼 뿐이다. 그리고 사실의 수가 늘어나면, 이와 함께 지식의 능동적 부분과 수동적 부분의 수도 늘어난다. 따라서 하나의 지식 영역이 확장되고 발전을 거듭할수록, 능동적 부분과 수동적 부분으로 더 많이 나누어지며 의견차는 점점 줄어든다. 이에 따라 자유로운 공간은 점점 줄어들고, 사고의 자유로운 전개가 제한받는다고 불평할 수도 있다. 하지만 과학적 사실 분석이 구체적이고 확정적인 사실을 찾아가는 과정임을 생각해 볼 때, 그것은 ㉤ 과학적 사실을 분석하는 과정에는 적용되기 어려운 불평이다.

① ㉠을 "수동적 요소가 내재되어 있기 때문이다."로 수정한다.
② ㉡을 "긴밀하게 연결되어 벌어지는"으로 수정한다.
③ ㉢을 "수동적 지식요소"로 수정한다.
④ ㉣을 "따로 분리되어 있음을"로 수정한다.
⑤ ㉤을 "과학적 사실을 분석하는 과정에 적용되는 말이다."로 수정한다.

문 8. 다음 대화의 ㉠으로 적절한 것만을 <보기>에서 모두 고르면?

> 갑: 현재 우리 시에서는 풀뿌리 민주주의를 장려하기 위하여 주민 주도로 마을을 운영하는 주민자치회를 활성화하고자 노력하고 있습니다. 주민자치회를 활성화하기 위하여 어떤 점들을 보완해 나가야 할까요?
> 을: 제도 활성화의 초기 단계에서 해야 하는 가장 중요한 업무는 법령의 정비입니다. 우선 우리 시의 자치구별로 각각 규정되어 있는 주민자치회 관련 조례를 취합하여 광역 차원에서 통일된 조례 표준안을 제정해서 내려주고, 그 내용에 따라 각 동에서 상위법에 위반되지 않는 한도 내에서 자율적으로 운영 세칙을 제정하여 주민자치회를 운영하는 것이 바람직합니다.
> 병: 주민자치회 출범 초기 단계이므로 주민들에게 주민자치회에 대하여 적극적으로 알릴 필요가 있습니다. 주민자치 모범도시라고 할 수 있는 A시의 경우에는 주민들에게 자치회를 홍보할 수 있는 여러 가지 행사를 기획하여 매년 개최해 오고 있으며, 실제로 그 효과도 유의미하여 주민들의 주민자치회 관심도와 참여도가 높아지고 있다고 합니다. 주민들이 주인 의식을 갖고 마을 운영에 참여할수록 주민자치회가 활성화될 것입니다.
> 정: 현재 주민자치회에는 마을 사업을 육성할 권한만이 부여되어 있을 뿐, 사업 추진에 필요한 예산이 충분히 지원되지 않고 있습니다. 올해만 해도 B동 주민들이 사업 제안서를 시청에 제출했으나, 시청에서 해당 사업의 예산 규모를 축소하여 기획했던 사업의 상당 부분을 변경해야 했다고 합니다. 이는 예산 지원 규정을 너무 확대해석하여 적용했기 때문에 나타난 일입니다. 주민자치회의 핵심 업무가 마을 사업인 만큼 아낌없는 예산 지원이 있어야 주민자치회가 활성화될 수 있습니다. 시청이 마을 사업 제안서의 예산 중에서 예산 지원 규정을 명백히 위반한 부분만 삭감한다면 주민자치회가 제안한 사업 예산의 대부분을 지원할 수 있을 것입니다.
> 갑: 모두들 좋은 의견 감사합니다. 오늘 회의에서 논의된 내용을 확인하기 위해 ㉠ 필요한 자료를 조사해 주세요.

<보 기>
ㄱ. 자율적인 주민자치회 조례를 사용하고 있지 않은 A시 자치구의 수
ㄴ. A시의 주민자치회 홍보 행사 목록 및 효과 분석 통계
ㄷ. B동 마을 사업 예산에서 삭감된 예산의 비율과 삭감된 예산 중에서 예산 지원 규정을 명백히 위반한 것에 해당하는 예산의 비율

① ㄴ
② ㄱ, ㄴ
③ ㄱ, ㄷ
④ ㄴ, ㄷ
⑤ ㄱ, ㄴ, ㄷ

문 9. 다음 글의 (가)와 (나)에 들어갈 말을 적절하게 나열한 것은?

데카르트는 운동의 원인인 힘을 질량과 속도의 곱, 즉 P = m·v(P: 충격량, m: 질량, v: 속도)로 이루어지는 운동량으로 규정한다. 그리고 운동하는 물체의 운동량의 합은 언제나 일정하다는 운동량 보존의 법칙을 확정한다. 데카르트가 말하는 운동과 운동량 개념은 평면에서 일어나는 물체들의 충돌 운동을 모델로 한 것이다. 그는 이 충돌 운동과 자신의 운동량 개념을 자연에서 발생하는 운동과 힘의 기본 척도로 본다. 그런데 데카르트의 이 운동량 개념은 후에 라이프니츠가 지적한 것처럼 방향의 변화(벡터)는 고려하지 않는다. 데카르트가 운동량에서 벡터를 고려하지 않은 이유는 물질과 정신의 상호작용에 관한 그의 판단에 근거한 것이다. 이에 따르면 영혼은 ㅤㅤ(가)ㅤㅤ. 단, 운동의 방향은 운동의 크기에 아무런 영향을 주지 않는다. 그 때문에 데카르트는 물질에 대한 영혼의 작용에도 불구하고 우주의 운동량 총합은 일정하다고 보았다.

데카르트가 충돌 운동을 물리적 운동의 기본 현상으로 보고, 이를 운동의 법칙을 규정하는 표본으로 선택한 다른 이유는 입자를 원소로 본 그의 우주론적 구상과 관련이 있다. 데카르트는 미립자를 자연의 기본 원소로, 미립자들의 충돌 현상을 운동의 기본 형태로 보고, 그에 근거하여 우주의 구성과 자연의 현상을 설명한다. 여기서 그가 발견한 운동량 개념과 운동량 보존의 법칙은 생성·소멸하는 우주의 항상성을 보증하는 전제조건이 된다. 데카르트에 의하면 자연의 모든 물질은 미립자로 이루어져 있으며, 우주공간은 미립자들로 완전히 채워져 있기 때문에, 자연의 모든 현상은 미립자들의 운동방식에 의해 발생한다. 존재하는 어떤 것이 비어 있다는 것 또는 물질이 없는 공간은 논리적으로 성립할 수 없다. ㅤㅤ(나)ㅤㅤ은 사실은 '물질로 충만한 공간' 같이 미세한 미립자들로 채워져 있다.

① (가): 운동의 총합을 변화시킬 수는 없지만, 운동의 방향은 변화시킬 수 있다.
   (나): 비어 있는 공간
② (가): 운동의 방향을 변화시킬 수는 없지만, 운동의 총합은 변화시킬 수 있다.
   (나): 빈 것처럼 보이는 공간
③ (가): 운동의 총합을 변화시킬 수는 없지만, 운동의 방향은 변화시킬 수 있다.
   (나): 빈 것처럼 보이는 공간
④ (가): 운동의 방향을 변화시킬 수는 없지만, 운동의 총합은 변화시킬 수 있다.
   (나): 비어 있는 공간
⑤ (가): 운동의 총합을 변화시킬 수는 없지만, 운동의 방향은 변화시킬 수 있다.
   (나): 가득 차 있는 공간

문 10. 다음 대화의 빈칸에 들어갈 내용으로 가장 적절한 것은?

갑: 2022년에 대학 프로젝트 보조금을 신청할 수 있는 기준이 변경되었다고 들었습니다. 2021년 대학 프로젝트 보조금을 받은 대학 연구실에서 2022년에도 프로젝트 보조금을 신청할 수 있는지와 관련하여 문의하였습니다. 2022년 보조금 신청 자격을 알 수 있을까요?
을: 2022년에 이공계 대학 연구실의 경우 보조금 신청 기준이 변화되었으나 사회과학 대학의 경우에는 보조금 신청 기준이 변화하지 않았습니다.
갑: 네. 문의한 연구실은 사회과학 대학에 포함되고, 작년의 신청 요건은 모두 갖추고 있는 것으로 확인됐습니다. 그 외에 다른 제한 사항은 없을까요?
을: 요건을 모두 충족하더라도 전년도에 프로젝트가 미흡으로 판정되었다면 올해는 보조금을 신청할 수 없습니다. 다만 올해 프로젝트 기안서를 수정하여 개선된 것으로 파악되면 보조금을 신청할 수 있습니다.
갑: 개선된 것으로 파악된다는 기준은 무엇인가요?
을: 상, 중, 하 평가 중 최소 중 이상의 평가를 받아야 합니다. 아직 심사가 진행 중이라면 우선은 중 이상 받은 것으로 간주하여 진행하고 이후 중 미만인 것으로 판명되면 보조금을 지급하지 않을 수 있습니다.
갑: 2022년 대학 프로젝트 기안서 재평가 현황은 어떻게 되나요?
을: 2022년 프로젝트 기안서 재평가 신청 기간은 만료되었습니다. 재평가 신청이 총 12건이 있었는데, 그중 5건은 상을, 3건은 중을, 2건을 하 평가를 받았습니다. 나머지 2건은 아직 심사가 진행 중입니다.
갑: 그렇다면 제가 추가로 ㅤㅤㅤㅤㅤㅤ만 확인하고 나면 다른 사유를 확인하지 않고서도 해당 연구실이 대학 프로젝트 보조금을 신청할 수 있는지 알 수 있겠네요.

① 해당 대학의 작년 미흡 판정 여부, 해당 대학의 재평가 신청 여부, 재평가 심사 진행 중인 건에 해당 대학 포함 여부
② 해당 대학이 속한 단과대 종류, 해당 대학의 재평가 신청 여부, 재평가에서 하 평가를 받은 대학에 해당 대학 포함 여부.
③ 해당 대학이 속한 단과대 종류, 해당 대학의 재평가 신청 여부, 재평가 심사 진행 중인 건에 해당 대학 포함 여부.
④ 해당 대학의 작년 미흡 판정 여부, 해당 대학의 재평가 신청 여부, 재평가에서 하 평가를 받은 대학에 해당 대학 포함 여부
⑤ 해당 대학의 작년 미흡 판정 여부, 해당 대학의 재평가 신청 여부, 재평가에서 상 평가를 받은 대학에 해당 대학 포함 여부

문 11. 다음 글에서 추론할 수 없는 것은?

바이러스(virus)란 '독(毒)'을 뜻하는 말로서, 어원상 라틴어 virulentus(독이 있는)에서 유래했다. 바이러스를 처음 발견한 사람은 러시아 과학자 이바노프스키이다. 1884년에 그는 우연히 담뱃잎이 모자이크 모양의 반점으로 말라 죽어가는 것을 보고 호기심에 감염 부위를 긁어모아 필터로 여과한 뒤 정상 담뱃잎에 바르자 똑같은 증상이 나타나는 것을 발견하였다. 이바노프스키는 모든 질병은 세균에서 유래한다는 독일의 세균학자 코흐의 공리에 따라 모자이크 반점의 원인을 세균이 만들어낸 독소 때문이라고 생각했다. 코흐의 공리란 코흐가 결핵균을 발견하면서 확립한 질병과 원인 미생물 간의 관계를 나타내는 다음 네 가지 기준을 말한다. 첫째, 병원성 질병이 있는 개체에서 병원균이 검출되어야 하고 건강한 개체에서는 발견되지 않아야 한다. 둘째, 그 병원균은 질병이 있는 개체에서 순수 분리하여 실험실에서 배양되어야 한다. 셋째, 배양한 세균을 건강한 개체에 접종하면 동일한 병을 일으켜야 한다. 넷째, 동일한 질병에 걸린 개체에서 순수분리한 병원균은 원래 분리한 균과 동일해야 한다. 이 네 가지 기준을 충족하면 그것이 질병의 원인균이라고 말할 수 있다. 그런데 코흐의 공리와 맞지 않는 감염체가 발견되었으니 그것이 바로 바이러스다. 1898년 네덜란드의 미생물학자 베이제링크는 이바노프스키의 실험을 재현하면서 필터로 여과한 용액 속에 세균보다 훨씬 작은 새로운 형태의 감염체가 있다는 것을 알게 되었다. 세균의 크기는 1㎛(1/1000㎜) 정도여서 광학현미경으로 볼 수 있지만, 바이러스는 그보다 훨씬 작은 20~250㎚(1/1000㎛)로 전자현미경으로만 관찰할 수 있다. 이처럼 바이러스의 존재가 비로소 확인되었지만 정작 사람들에게 각인되기 시작한 것은 바이러스가 옮기는 인간의 질병에 의해서였다.

① 이바노프스키는 담배 모자이크 바이러스가 작용하는 것은 발견했지만 그것의 원인을 바이러스라고 생각하지는 못했다.
② 코흐의 공리에 따르면 실험실에서 배양한 세균을 건강한 개체에 접종한 결과 해당 개체에 아무런 변화가 없다면 그것은 질병의 원인균이 아니다.
③ 코흐의 공리에 따르면 건강한 개체로 옮겨간 세균이 변이하였더라도 동일한 병을 일으켰다면 그것은 원인균이다.
④ 감염체가 광학현미경과 전자현미경 모두에서 관찰되었다면 그것은 바이러스가 아니다.
⑤ 바이러스는 그 존재가 발견될 때부터 곧바로 사람들에게 중요하게 여겨진 것은 아니다.

문 12. 다음 글의 A~C에 대한 평가로 적절한 것만을 <보기>에서 모두 고르면?

의학을 과학의 한 분야라고 단정 짓는 것은 지나친 비약이다. 현대의학이 주로 과학적 방법론에 의지하기는 하지만, 궁극적으로 생물학적 기계가 아닌 인간으로서의 환자를 치료하며 그 인간의 내면을 탐구하는 것은 예술과 인문학이다. 다음은 이 주제에 대한 A~C의 견해이다.

A: 흔히 의학은 불확실성의 학문이라고 한다. 통제된 조건에서 언제나 반복 가능하고 동일한 결과를 낳는 물리학과는 달리, 사람의 몸을 다루는 의학에서는 통제된 조건 자체가 거의 불가능할뿐더러 동일한 자극을 주더라도 그 자극을 받아들이는 몸의 상태에 따라 결과는 크게 다를 수 있기 때문이다. 똑같이 폐렴을 앓고 있는 환자에게 똑같은 용량의 페니실린을 주사하면 대개는 치유에 이르지만, 때로는 오히려 내성균을 키워 치료를 어렵게 하거나 환자를 쇼크에 빠뜨려 생명을 위협하는 경우까지 있을 수 있다.

B: 몸의 상태는 생물학적으로만 다양한 것이 아니다. 내가 처해 있는 심리적·사회적·영적 상태에 따라서도 의학적 개입에 대한 반응은 크게 달라진다. 과학이 고도로 발달하여 인체의 모든 생물학적 조건을 통제하고 사람의 심리적·사회적·영적 상태를 모두 생물학적 조건으로 환원할 수 있게 된다면 모르지만, 그전까지는 의학에서 이런 부분도 다루어야 한다.

C: 인간 탐구가 철학의 사명 중 하나라고 본다면, 의학은 철학일 수 있다. 철학은 인간에 대해 질문하고, 그에 대한 특정한 답들을 내놓는다. 그 물음과 답의 방식에 따라 우리는 매우 다른 세상을 경험한다. 예컨대 인간이 무엇인가라는 물음에 대해서는 여러 답이 나올 수 있지만, 하늘과 땅과 사람이 하나라거나 먼지 속에도 만물이 들어있다고 생각하는 사람들에게 그런 질문은 아무런 의미가 없다. 이들은 인간에 대한 물음을 '무엇인가'가 아니라 '어떻게 존재하는가'로 인식하기 때문이다. 이렇게 다른 세계관을 지닌 사람들이 경험하는 세계가 똑같을 수는 없다. 우리가 편안함(건강)과 편치 않음(질병)을 느끼는 조건과 현상도 같지 않다.

< 보 기 >

ㄱ. 100명에게 백신을 주입한 결과 모두 동일한 항체 반응을 보였다는 실험은 A의 주장을 강화하는 사례이다.
ㄴ. C의 주장은 신체 진단에 앞서 환자의 생각에 대한 설문조사를 실시해야 한다는 주장의 근거로 활용될 수 있다.
ㄷ. B와 C는 의학이 인간의 정신적 특성까지 다루는 학문이라고 생각한다는 점에서 공통적이다.

① ㄱ
② ㄷ
③ ㄱ, ㄴ
④ ㄴ, ㄷ
⑤ ㄱ, ㄴ, ㄷ

문 13. 다음 글에서 추론할 수 없는 것은?

> A시는 응급환자 이송체계가 명확하지 않다는 지적에 이를 점검한 후 다음과 같이 체계를 확립하였다. 먼저 환자를 그 부상 정도에 따라 경증, 중증, 사망의 세 유형으로 구분한다. 그리고 환자 유형별로 병원을 안내하고 이송 중 환자 이송 규정을 준수하도록 한다.
>
> <표> 응급환자 유형과 증상에 따른 이송장소의 구분
>
> | 환자 | 병원 | 구분 | 세부 장소 |
> |---|---|---|---|
> | 경증환자 | 인근 일반병원 | – | 병원 안내에 따른 장소 |
> | 중증환자 | 권역 응급 의료센터 | 외상 | 권역외상센터 |
> | | | 기타 | 응급실 |
> | 사망자 | 인근 대형병원 | 신원확인 | 영안실 |
> | | | 신원불명 | 검시실 |
>
> 모든 병원에 공통으로 적용되는 환자 이송 규정은 다음과 같다. 첫째, 모든 환자에게는 의료인원이 최소한 한 명 이상 동행해야 한다. 둘째, 이송은 부축, 들것, 이동식 침대의 세 가지 방식 중 하나로 실시한다. 셋째, 부축이 필요한 환자를 들것이나 이동식 침대를 이용하여 이송할 수 있고, 들것이 필요한 환자를 이동식 침대를 이용하여 이송할 수는 있지만, 이동식 침대를 이용한 이송이 필요한 환자를 들것이나 부축으로 이송해서는 안 되고, 들것이 필요한 환자를 부축으로 이송해서는 안 된다.
>
> 병원에 따라 달리 적용되는 환자 이송 규정은 다음과 같다. 첫째, 인근 일반병원에서는 병원장의 지시에 먼저 따른다. 둘째, 권역 응급 의료센터로 이송하는 경우에는 이동식 침대를 의무적으로 사용해야 한다. 셋째, 영안실과 검시실로의 이송에는 이동식 침대의 이용이 권장된다.

① 경증환자 중 신원이 파악되지 않은 자는 인근 일반병원으로 이송한다.
② 병원으로 이송된 경증환자는 병원장의 지시에 따라 구체적 이송장소가 결정될 수 있다.
③ 중증환자 중 외상이 없는 환자는 들것 또는 이동식 침대를 이용해 권역 응급 의료센터 내 응급실로 이송한다.
④ 중증환자 중 외상 환자는 반드시 권역외상센터로 이송한다.
⑤ 신원이 확인된 사망자는 들것을 이용해 영안실로 이송할 수 있다.

문 14. 다음 글의 내용이 참일 때, 갑과 친구들이 주문할 음식의 조합으로 가능한 것은?

> 갑은 친구 을, 정과 함께 분식점에서 다음과 같은 대화에 따라 주문하였다.
>
> ○ 갑: 순대를 안 시킬거면 김밥도 시키지 말고, 튀김을 안 시킬거면 순대는 시키자.
> ○ 을: 김밥을 안 시킬거면 떡볶이하고 튀김은 시켜야 해. 그리고 어묵을 시킬거면 순대는 시키지 말자.
> ○ 정: 튀김을 시킬거면 떡볶이는 시키지 말자.

① 떡볶이, 튀김
② 순대, 어묵
③ 떡볶이, 순대, 튀김
④ 순대, 튀김, 김밥
⑤ 떡볶이, 순대, 김밥, 어묵

문 15. 다음 글의 내용이 참일 때, 반드시 참인 것만을 <보기>에서 모두 고르면?

> 갑은 아래 조건에 따라 여행 동선을 계획하려고 한다. 부산에 가면 통영에 간다. 부산에 안 가면 울산과 포항도 안 간다. 목포에 가면 전주에 가거나 부산에 안 간다. 울산에 안 가면 부산은 가고 전주는 안 간다.

― <보 기> ―
ㄱ. 통영에 가면 울산에 간다.
ㄴ. 부산과 목포에 모두 가기 위해서는 전주에 가야 한다.
ㄷ. 목포와 전주에 가면 울산은 가지 않는다.
ㄹ. 포항에 가면 통영에 간다.

① ㄱ, ㄴ
② ㄱ, ㄷ
③ ㄴ, ㄷ
④ ㄴ, ㄹ
⑤ ㄷ, ㄹ

문 16. 다음 글의 내용이 참일 때, 반드시 참인 것만을 <보기>에서 모두 고르면?

> 국가 대표 후보자로 A, B, C, D, E가 거론되고 있다. 후보자 선발은 다음과 같은 규칙으로 이루어진다.
> ○ A가 선발되면 E는 선발될 수 없다.
> ○ B가 선발되면 D도 반드시 선발된다.
> ○ C는 D가 선발된 경우에만 선발된다.
> ○ 후보자는 A~E 중 최소 3명 이상 선발하여야 한다.

― <보 기> ―
ㄱ. A가 선발되면 D는 반드시 선발된다.
ㄴ. 4명이 선발되는 경우는 3가지이다.
ㄷ. 3명이 선발되는 경우, C가 선발되면 E는 선발되지 않는다.

① ㄱ
② ㄴ
③ ㄱ, ㄷ
④ ㄴ, ㄷ
⑤ ㄱ, ㄴ, ㄷ

문 17. 다음 글에서 추론할 수 있는 것만을 <보기>에서 모두 고르면?

돼지풀은 기후변화로 이익을 보는 식물에 속한다. 이산화탄소를 흡수해 광합성 하는 돼지풀 잎의 내부를 들여다보자. 광합성의 주요 효소인 루비스코(Rubisco)는 이산화탄소(CO_2)를 흡수한다. 흡수된 이산화탄소는 식물 생장에 필요한 당분을 만드는 데 이용된다. 광합성으로 처음 만들어지는 안정된 산물은 탄소 3개짜리로 이루어져 'C3' 식물이라고도 불린다. 돼지풀과 같은 C3 식물은 이산화탄소 농도가 높을 때 더 효율적으로 작용한다. 대기 중의 이산화탄소 농도가 올라가면 돼지풀은 더 많은 돼지풀 바이오매스를 만들어낸다. 줄기를 더 높이 뻗고, 잎이 커지며, 씨앗이 많아지고, 꽃가루도 늘어난다.

이뿐 아니라, 기후변화는 돼지풀 꽃가루와 그 알레르기 항원성을 높인다. 1980년대만 해도 이산화탄소의 농도는 311ppm에 정도를 나타내고 있었다. 현저 그 눈금은 이보다 약 33퍼센트나 높아진 415ppm이고, 이 정도면 일일 평균 돼지풀 꽃가루 양은 족히 230퍼센트 이상 늘어날 수 있다. 전 세계 기온이 상승한 환경에서 돼지풀은 더 빨리 싹을 틔우고 더 오래 꽃을 피우며 더 늦은 가을까지 성장한다. 최근 15년 동안 전 세계 기온이 약 0.15도 상승한 사이 돼지풀이 꽃가루를 뿜는 기간도 13일에서 27일로 늘어났다.

도시에서는 높은 온도와 이산화탄소가 디젤 배기가스 및 오존(O_3)과 상호작용해 돼지풀 꽃가루 알레르기 항원성을 더욱 높인다. 이러한 환경 조건이 꽃가루 벽의 단백질을 변형시켜 돼지풀의 알레르기 함유량을 늘리는 것이다. 돼지풀은 환경 교란을 바탕으로 번성하는 동시에 스스로 환경교란 요인이 되어 인간에게 파악하기 불가능한 정도의 불편함을 안겨주고 있다.

― <보 기> ―
ㄱ. 돼지풀을 이산화탄소로 가득 찬 공간에 두면 돼지풀 바이오매스는 증가할 것이다.
ㄴ. 오존은 돼지풀 꽃가루의 양적 변화보다는 질적 변화에 영향을 준다.
ㄷ. 기온의 상승은 돼지풀이 꽃가루를 뿜어내는 기간을 늘리고 이산화탄소 농도의 상승은 돼지풀이 뿜어내는 꽃가루의 양을 증가시킨다.

① ㄱ
② ㄴ
③ ㄱ, ㄷ
④ ㄴ, ㄷ
⑤ ㄱ, ㄴ, ㄷ

문 18. 다음 글에서 알 수 없는 것은?

빛의 중요한 성질 중 하나는 '간섭'이다 빛의 간섭은 두 개 이상의 빛이 중첩될 때 진폭이 커지거나 작아지는 현상이다. 토머스 영은 빛의 간섭 현상을 통해 빛이 파동의 성질도 가졌다는 점을 밝혀냈다. 파동이란 공간이나 물질의 한 부분에서 생긴 주기적인 진동이 시간의 흐름에 따라 주위로 멀리 퍼져나가는 현상을 의미한다. 빛 또한 파동의 기본적인 구조를 지니고 있다. 파동의 구조에서 공간적으로 가장 높은 부분을 '마루', 가장 낮은 부분을 '골'이라고 한다. 마루와 마루 사이 혹은 골과 골 사이 거리를 '파장'이라고 한다. 중심으로부터 마루 혹은 골까지의 거리를 '진폭'이라고 한다.

빛과 빛이 만날 때 다양한 현상들이 발생한다. 두 개 이상의 파동이 중첩될 때 위상이 같은지 다른지에 따른 다른 현상이 발생한다. 이때, 두 파동의 위상이 같다는 것은 마루와 마루 혹은 골과 골이 겹치는 '결맞음' 상태임을 의미한다 위상이 같은 두 개의 파동이 만나면 진폭이 더욱 커지며 이를 보강 간섭이라고 한다. 반면, 두 파동의 위상이 어긋나면 서로의 값을 상쇄해 마루와 골이 없어지는 상쇄 간섭 현상이 나타난다.

파장과 주파수가 다른 빛이 만나면 일정 간격으로 보강 간섭이 일어나 진폭이 커졌다가 다시 일정 시간 뒤에는 상쇄 간섭이 일어나 진폭이 작아지는 형태가 반복된다. 소리 역시 파동의 일종이며, 따라서 소리끼리 만났을 때도 같은 현상이 발생한다. 주파수가 다른 두 개의 소리가 중첩되면 두 소리의 파동 사이에서 간섭 현상이 일어나 소리가 규칙적으로 커졌다가 작아졌다 하는 일이 반복되는데, 이러한 현상을 '맥놀이'라고 부른다.

CD 표면을 형광등에 비추었을 때 무지개색이 나타나는 것을 볼 수 있을 것이다. CD 표면은 매끈한 거울처럼 보이지만 아주 크게 확대해서 보면 미세한 요철들이 나선형으로 촘촘하게 배열된 것을 확인할 수 있다. 형광등 불빛이 CD 표면에서 반사되면 산란하면서 파장에 따라 여러 각도로 퍼져나간다. 이때 요철과 요철 사이의 틈 때문에 빛이 휘어져 나가는데 이를 '회절'이라고 한다. 이렇게 휘어진 빛은 다른 각도로 퍼져나가며 이는 보강 간섭 또는 상쇄 간섭을 일으켜 우리 눈에 무지개처럼 여러 가지 색을 띤 빛이 보이는 것이다.

① 빛이 중첩되어 위상 차이에 따라 진폭이 커지거나 작아지는 현상은 빛의 성질을 밝혀내는 데 도움이 되었다.
② 위상이 어긋나는 파동끼리 만날 때 진폭이 작아진다.
③ 맥놀이 현상은 보강 간섭과 상쇄 간섭의 반복이라고 할 수 있다.
④ 빛과 빛이 만나면 골과 골 사이 거리가 변화하여 빛의 색깔에 영향을 미친다.
⑤ CD 표면의 요철과 요철 사이 틈으로 인해 CD를 빛에 비추었을 때 무지개색의 빛이 나타난다.

문 19. 다음 글에서 알 수 있는 것은?

기계론적 철학은 세상의 모든 현상을 기계적 운동으로 설명하려는 것으로, 근대에는 주류로 받아들여졌다. 그러나 1740년대 생리학 이론들에서 주목할만한 변화는 기계론 철학이 생명체의 기능을 적절하게 설명하지 못한 데서 비롯되었다. 생물과 무생물의 구조가 동일하다고 가정할 수는 있지만 기계론은 성장과 번식을 설명하기는 어려웠다. 생리학자들이 성장에 관한 발견을 거듭할수록 기계론적 설명은 더욱 부적절해졌다.

그 발견 중 하나로 보네가 확인한 진딧물의 처녀생식이 있다. 레벤후크는 진딧물 유충이 부모 내부에서 성충의 작은 모형으로 존재하는 것을 발견했다. 일반적인 곤충과 달리 진딧물은 모체에서 태어나며, 알에서 탄생하는 것이 아니라 유충으로 태어났다. 그런데 더욱더 놀라운 것은 어느 누구도 진딧물의 수컷을 발견하지 못했다는 사실이다. 곤충에 대해 자세히 연구한 레오뮈르는 진딧물은 모두 암컷이라고 판단했다. 레벤후크는 진딧물이 자웅동체여서 암수의 기관을 모두 갖고 있다고 보았지만 레오뮈르는 이를 부인하고 자신이 해부해본 것들은 모두 어떠한 수컷의 상징도 없었다고 주장했다.

1740년, 보네는 레오뮈르의 제안에 근거한 문제를 해결하고자 실험을 수행했다. 그는 새롭게 태어난 암컷을 격리해 키웠고 마침내 이 진딧물 한 마리에서 95개의 유충을 얻었다. 다른 실험에서는 수컷이 전혀 없는 상황에서 10세대까지 키웠고 결국 진딧물이 암컷의 기관만으로 번식함을 보여주었다. 보네가 확보한 결과는 모든 종의 배아는 아주 작은 씨앗으로 엄마 몸속에서 형성되며 거기에서 자란다는 난자 중심의 관점에 힘을 실어주었다. 난자 중심 이론에 따르면 이종교배를 하는 동물에 있어 수컷의 역할은 이미 형성된 배아의 성장을 촉발하는 일에 한정된다. 이 이론은 다음 세대에 나타나는 수컷의 특성을 적절하게 설명하지 못하게 되는 한계가 있다. 그러나 이론을 주장한 이들은 정액이 이미 형성된 배아의 성장을 촉발하고 초기 단계에 영양분을 공급함으로써 배아에 있어서 수컷의 특성을 확실히 보여줄 수 있다고 믿었다.

① 수컷 없이 태어난 진딧물을 통해 진딧물이 암수 기관을 모두 가진 자웅동체임을 알 수 있다.
② 레벤후크와 레오뮈르는 진딧물이 하나의 성만을 가진다는 데 모두 동의했다.
③ 알이 아닌 유충으로 태어나는 곤충들은 모두 암컷만으로 번식할 수 있다.
④ 진딧물이 처녀생식을 한다는 발견은 생물과 무생물의 구조가 동일하다는 가정에 근거한 이론이 생리학에 부적절함을 보여준다.
⑤ 난자 중심 이론은 수컷이 정액을 통해 배아 형성에 영향을 주기 때문에 다음 세대에서 수컷의 특성이 나타난다고 본다.

문 20. 다음 글의 ㉠과 ㉡에 대한 평가로 적절한 것만을 <보기>에서 모두 고르면?

㉠ 과학이 합리적이라고 믿는 사람들은 과학이 자연의 실재(reality)에 대해 이야기해주는 특별한 지식이라고 여긴다. 과학 이론이 실재를 온전히 반영하는 것은 아니어도, 실재에 닻을 내리고 있거나, 적어도 실재에 닿아 있다고 보는 것이다. 그렇기 때문에 과학이론에서 얻어진 이론값이 실험에서 얻어진 실험값과 놀랄 만큼 일치하는 일이 생긴다는 것이다. 과학의 진보는 과학이 자연의 실재를 점점 더 잘 이해하는, 실재에 점점 접근해가는 과정이다.

한편 ㉡ 과학이 사회적이라고 생각하는 사람들은 과학의 핵심이 모델을 만들고 근사치를 얻어내는 데 있다고 본다. 이들에게 과학이론은 가설적인 성격이 강한 것이고, 실험은 여러 가지 이유에서 불확실하고 문제투성이다. 이러한 과학이 지식의 형태로 정리되는 과정에는 과학자가 지닌 세계관, 가치, 신념, 상상력 등이 영향을 미친다. 과학은 사회적 요소가 개입함으로써 왜곡되는 것이 아니라 더 완전해진다. 과학은 인간이 하는 일이고, 여기에는 인간이 지닌 여러 가지 인식적·사회적 요소가 동시에 영향을 미치는데, 이러한 요소에는 주관, 직관, 편견과 같은 개개인의 지적인 요소는 물론이고 정치, 권위, 경쟁과 같은 사회적 요소까지 개입한다. 인식론적으로 보아도 과학은 실재를 잘 반영하는 것이 아니라, 모델을 잘 세우는 작업이다. 과학의 이론과 실험 사이의 일치는 실험 결과에 적합한 이론적 모델이 선택되고 살아남는 과정에 불과하다.

<보 기>

ㄱ. 과학이론에서 도출된 이론값과 실험에서 얻어진 실험값이 완벽히 일치하는 경우, ㉠의 주장은 강화되지만 ㉡의 주장은 약화된다.
ㄴ. 과학 실험에 연구자의 주관이 개입함으로써 실험의 결과가 달라진다면, ㉠의 주장은 강화되지 않지만 ㉡의 주장은 강화된다.
ㄷ. 과학의 발전에 따라 과학이 실재를 더 정확하게 반영할 가능성이 크다는 사실은 ㉠과 ㉡의 주장을 모두 반박한다.

① ㄱ
② ㄴ
③ ㄱ, ㄴ
④ ㄴ, ㄷ
⑤ ㄱ, ㄴ, ㄷ

※ 다음 글을 읽고 물음에 답하시오. [문 21. ~ 문 22.]

어떤 귀납 논증에 대해 생각해보자. 귀납 논증의 전제가 참이라고 가정했을 때 결론의 참이 아주 그럴듯하게 도출되는지가 논증의 강도를 결정짓는다.

(a) 이제까지 편두통을 호소하는 환자에게 아스피린을 처방했을 때 그들 중 80%가 약을 복용한 다음 완쾌되었다. 철수는 나에게 편두통을 호소해왔고, 나는 그에게 아스피린을 처방했다. 그는 아마도 좋아질 것이다.

(b) 이제까지 내 논리학 수업을 들은 학생 중 빨간 볼펜으로 필기한 학생 중 80%는 A 학점을 받았다. 인혜는 이번 학기 내 수업을 듣는데 나는 빨간 볼펜으로 필기하라고 충고했다. 인혜가 빨간 볼펜으로 필기했다면 A 학점을 받을 것이다.

(a)는 전제를 참이라고 가정했을 때 결론의 참이 아주 그럴듯하게 보장될 수 있는 귀납 논증이다. 이런 논증은 통상적인 경우에 비교적 강한 논증이라고 할 수 있다. 그렇지만　(가)　예를 들어, 철수가 아스피린에 알레르기 반응을 보이는 환자일 수도 있기 때문이다. 또 철수의 두통은 단순한 두통이 아니라 다른 질병으로 인한 것일 수도 있다. 그러나 대개는 아스피린이 두통을 완화한다는 것을 알고 있기 때문에, 나아질 것으로 생각했다. 따라서 (a)가 강하다고 생각하는 것이 합당하다.

그러나 (b)의 경우는 다르다. (a)와 (b)의 형태는 거의 유사하나 (b)의 경우 전제가 참이라 하더라도 통상적으로 그 전제가 결론을 그럴듯하게 참으로 보장해주지 못한다. 그래서 (b)는 비교적 약한 논증이다. 통상적으로 빨간 볼펜으로 필기하는 것이 논리학 공부와 연관이 있다고 알려져 있지 않다. 그래서 우리는 (b)가 약한 논증이라고 말할 수 있다. 여기서 연역 논증과 귀납 논증의 차이를 볼 수 있다. 연역 논증은 형식에 의해 타당성이 결정된다. "모든 p는 q이다. a는 p이다. 따라서 a는 q"라는 형식이 있을 때, p, a, q 대신 어떤 단어를 대체해도 그 논증은 타당하다. 반면에 귀납 논증은　(나)　(a)와 (b)는 동일한 형식을 갖고 있다. 그러나 한 논증은 비교적 강하고 한 논증은 비교적 약하다.

그런데 문제는 실제로 우리가 귀납 논증을 대할 때 간단하게 그 논증이 강하다거나 약하다고 결정할 수 없는 경우가 있다는 것이다. 우선 그 논증에서 명시적으로 제시된 전제로부터 얻는 정보가 충분하지 않을 수 있다. 또는 어떤 귀납 논증의 강도를 평가하는 데는 우리가 단순히 상식적으로 알고 있는 정보만으로는 충분하지 않을 수 있다. 만일 물리학이나 생물학 같이 더 전문적인 내용에 대한 논증이라면 이에 대한 전문지식이 없는 사람들은 그 귀납 논증의 강도를 평가할 수 없을 것이다.

문 21. 위 글의 (가)와 (나)에 들어갈 내용으로 가장 적절한 것은?

① (가): 전제가 추가되면 결론이 참이 될 수도 있다.
　(나): 논증이 어떤 형식을 가졌느냐에 따라 논증의 강도가 달라진다.
② (가): 강한 논증이라 하더라도 결론이 참인 경우도 있다.
　(나): 논증이 어떤 형식을 가졌느냐에 따라 논증의 강도가 달라진다.
③ (가): 강한 논증이라 하더라도, 결론이 거짓이 될 수 있다.
　(나): 논증의 형식과 무관하게 결론이 참이 된다.
④ (가): 강한 논증이라 하더라도 결론이 참인 경우도 있다.
　(나): 논증의 형식이 논증의 강도를 결정하지 못한다.
⑤ (가): 강한 논증이라 하더라도, 결론이 거짓이 될 수 있다.
　(나): 논증의 형식이 논증의 강도를 결정하지 못한다.

문 22. 위 글에 대한 분석으로 적절한 것만을 <보기>에서 모두 고르면?

<보 기>
ㄱ. (a)에 '철수는 아스피린 알레르기가 있다.'라는 전제가 추가되면 (a)는 약화된다.
ㄴ. (b)에 '빨간 볼펜의 성분이 두뇌에서 논리적 사고를 지배하는 호르몬을 더 많이 분비하게 한다.'는 전제가 추가되면 (b)는 약화된다.
ㄷ. 생물학의 전문가와 그렇지 않은 일반인이 보는 생물학과 관련된 연역 논증은 논증의 강도가 다르다.

① ㄱ
② ㄷ
③ ㄱ, ㄴ
④ ㄴ, ㄷ
⑤ ㄱ, ㄴ, ㄷ

문 23. 다음 글의 <표>를 수정한 것으로 적절한 것만을 <보기>에서 모두 고르면?

정부가 공개한 지역안전 통계자료에 따르면 올해 지역안전 분야의 총사망자 수는 26,991명으로 전년 대비 17.4% 증가했지만, 코로나19 제외 시 전년 대비 0.4% 줄어 총 21,961명이다. 이는 교통사고, 화재, 범죄, 생활안전 분야의 사망자가 감소에도 불구하고 코로나19 감염병으로 인한 사망자 수가 큰 폭으로 증가한 데 따른 것이다. 교통사고, 화재, 범죄, 생활안전 분야에서는 사망자 수가 총 6,768명으로 전년 대비 3.6% 감소하였다. 교통사고 사망자는 전년 대비 4.7% 감소하여 총 2,725명인데, 전체 5개 유형 중 차 대(對) 보행자 사망자가 8.9%로 가장 많이 감소하여 총 962명이다. 가스 및 화학 요인으로 인한 폭발이 감소했기 때문에 화재 사망자는 전년 대비 25.1% 감소한 총 263명이다. 범죄 분야는 코로나19로 인한 사회활동 감소 등의 영향으로 5대 범죄로 인한 전년 대비 사망자는 7.8% 감소하여 총 356명, 발생 건수는 10.4% 감소하여 총 414,296건인 것으로 나타났다. 생활안전 분야(익사·익수, 유독성 물질 중독·노출, 추락) 사망자는 전년 대비 0.03% 감소하여 총 3,424명으로 전년과 유사한데, 주로 익사·익수가 11.2% 감소하여 총 462명, 유독성 물질 중독·노출이 0.8% 감소하여 총 240명이지만, 추락이 2.2% 증가하면서 총 2,722명으로 감소율이 낮아졌다. 자살은 총 13,352명으로 전년 대비 1.2% 소폭 증가하였다. 법정 감염병 사망자는 코로나19 사망자 증가와 더불어 전년도 1,360명이었던 결핵 사망자까지 5% 증가하면서 전년 대비 147.7% 증가하여 총 6,871명이다.

주무관 갑은 위 자료를 토대로 지역안전분야 총사망자 수 현황을 아래와 같이 <표>로 작성하였다. 이 <표>에서 자료 내용을 정확히 반영하지 않은 항목은 수정이 필요하며, 자료내용이 명확하지 않은 항목은 제외해야 한다.

<표> 올해 지역안전분야 총사망자 수 현황

코로나19	결핵	생활안전	차 대(對) 차
5,030명	1,428명	3,184명	1,763명

―― <보 기> ――
ㄱ. 결핵 항목의 "1,428명"을 "1,292명"으로 수정한다.
ㄴ. 생활안전 항목의 "3,184명"을 "3,424명"으로 수정한다.
ㄷ. "차 대(對) 차" 항목을 삭제한다.

① ㄱ
② ㄷ
③ ㄱ, ㄴ
④ ㄴ, ㄷ
⑤ ㄱ, ㄴ, ㄷ

문 24. 다음 대화의 빈칸에 들어갈 내용으로 가장 적절한 것은?

갑: 안녕하십니까? 이번에 귀사에 입사 지원하려고 하는 사람입니다. 제가 교통사고 전과가 있어서 마음에 걸리는데 채용 공고문에서 입사 지원 결격 사유에 관한 내용을 찾을 수가 없어서 문의드렸습니다.
을: 네. 기본적으로는 국가공무원법 제33조에 규정된 내용과 동일하니 이를 참조하셔도 됩니다.
갑: 그렇군요. 그럼 '금고(禁錮) 이상의 실형을 선고받고 그 집행이 종료되거나 집행을 받지 아니하기로 확정된 후 5년이 지나지 아니한 자'하고 '금고(禁錮) 이상의 형을 선고받고 그 집행유예 기간이 끝난 날로부터 2년이 지나지 아니한 자도 포함되어 있겠군요?
을: 네. 포함되어 있습니다.
갑: 궁금한 게 있는데 제가 기간을 충족한 것 같기도 하고 아닌 것 같기도 해서요. 금고(禁錮) 이상의 실형을 선고받은 것은 다 같은데 '그 집행이 종료되거나 집행을 받지 아니하기로 확정된 것'하고 '집행유예 기간이 끝난 것'하고 어떤 차이가 있나요? 집행을 받지 아니하기로 확정된 것이 집행유예 아닌가요?
을: 아닙니다. '집행을 받지 아니하기로 확정된 것'은 형 면제판결 등 특정한 이유로 집행을 받아야 하는 자가 집행만 받지 않는 것으로 확정된 경우일 뿐입니다. 반면 집행유예는 일정 조건 하에 집행을 받지 않아도 되는 자에 해당하게 되므로 차이가 있습니다. 그리고 결격 사유에 해당하는지를 산정하는 기준일은 채용 공고문 게시일인 것도 참조하시면 좋을 것 같습니다.
갑: 알겠습니다. 그렇다면 실형의 집행이 2년간 유예되었던 저는 [   ]만 확인하고 나면 입사 지원 자격이 되는지를 바로 알 수 있겠네요.

① 교통사고일, 판결선고일
② 집행을 받지 아니하기로 확정된 날, 집행유예 기간이 끝난 날
③ 집행을 받지 아니하기로 확정된 날, 채용 공고문 게시일
④ 집행유예 기간이 끝난 날, 채용 공고문 게시일
⑤ 실형의 집행이 종료된 날, 채용 공고문 게시일

문 25. 다음 글의 ㉠에 해당하는 내용으로 가장 적절한 것은?

A시에 거주하면서 외국인 대상으로 민박업을 하는 갑은 최근 몇 년간 감염병의 영향으로 외국인 관광객이 대폭 감소하여 영업에 큰 타격을 받았다. 이에 불가피하게 내국인에게도 숙소를 제공하다가 구청의 단속에 적발되어 거액의 과태료를 부과받게 되었다. 갑은 이에 불만을 제기하며 구청에 사정을 하소연했지만, 구청에서는 법령에 규정되어 있는 사항이기 때문에 어쩔 수 없다고 답변하였다.

「관광진흥법 시행령」
제2조(관광사업의 종류) ① 관광사업의 종류를 다음 각 호와 같이 세분한다.
  3. 관광객 이용시설업의 종류
  바. 외국인관광 도시민박업: 도시지역(「농어촌정비법」에 따른 농어촌지역 및 준농어촌지역은 제외한다.)의 주민이 자신이 거주하고 있는 다음의 어느 하나에 해당하는 주택을 이용하여 외국인 관광객에게 한국의 가정문화를 체험할 수 있도록 적합한 시설을 갖추고 숙식 등을 제공하는 업
    1) 단독주택 또는 다가구주택
    2) 아파트, 연립주택 또는 다세대주택

이에 갑은 전문가의 도움을 얻어 외국인관광 도시민박업의 경우 유사숙박형태인 농어촌정비법에 따른 농어촌민박업과 달리 어떠한 예외도 없이 외국인에 대하여만 숙박을 인정하여 자국민에 대한 차별 및 영업의 자유 침해 소지가 있으니 법령을 개정해 달라는 민원을 국회에 제기하였다. 갑의 민원을 검토한 국회는 현재와 같은 예측하기 어려운 위기 상황이 닥칠 수 있다는 점을 고려했을 때 외국인관광 도시민박업을 유사숙박업과 차이를 두는 법의 기본 취지는 살리되 관련 규정의 보완이 필요하다고 인정하였다. 이에 따라 ㉠ 제2조제1항제3호바목을 개정하였고, 갑은 적법하게 내국인 관광객도 유치할 수 있게 되었다.

① 바목의 "… 외국인 관광객에게 …"를 "… 외국인 등 관광객에게 …"로 변경
② 바목의 "… 외국인 관광객에게 …"를 "… 외국인 및 내국인 관광객에게 …"로 변경
③ 바목에 "3) 기타 장관이 정하는 종류의 주택"을 추가
④ 바목의 괄호 안에 든 농어촌민박업에 대한 적용 제외 규정을 삭제
⑤ 바목의 본문 끝단에 "단, 소재지 관할 행정기관의 장에게 예외적인 상황을 인정받는 경우에는 내국인 관광객에게도 숙식 등을 제공할 수 있다."라는 내용을 추가

공단기
7급 PSAT
필수 모의고사

언어논리

문제편

2회

언어논리영역

문 1. 다음 글의 내용과 부합하지 않는 것은?

황산벌의 계백 장군과 오천결사대, 낙화암에서 몸을 던진 삼천궁녀 등 백제의 패망을 다룬 전설 유형들을 종합해보면, 의자왕의 실책과 함께 충신들의 열렬한 애국심을 선명하게 대조적으로 묘사하고 있다. 역사 전설에서 얻는 교훈은 결국 확인과 반성인데, 의자왕의 실책을 분명히 확인하면서 충신들의 훌륭함을 강조하는 쪽에서 전설의 역사적 의미를 음미할 때 이것을 더 잘 드러낼 수 있기 때문이다. 이러한 단순 논리에 의한 역사 이해가 물론 분석적이지 못하다는 한계를 지니고 있지만, 의자왕의 실책과 백제 충신들의 모범적 모습이 실제보다 과장해서 묘사된 것은 패망 사실이 지니는 중요성 때문이다. 있는 사실을 철저히 확인하자는 것이 전자의 표현에 담긴 뜻이라면, 아쉬운 점을 깊이 반성하자는 뜻이 후자의 표현에 담긴 의미라고 할 수 있다. 이 두 측면은 상호대립적이면서 또한 상호보완적이다. 두 측면이 결합함으로써 그 나름의 역사 이해의 합리성을 유지할 수 있게 되고, 설득력 있는 교훈을 확보할 수 있게 된다.

백제 패망 역사의 근거를 위와 같은 구도로 포착하는 데에서 주목되는 중요한 의미의 또 다른 측면은 역사의 주체를 다름 아닌 '인물'로 귀착시키고 있다는 점이다. 역사를 그르친 것도, 그것을 회복시킬 수 있었던 것도 모두 인물의 역할로 이해하고 있다. 삼국사기 등의 역사서에 기록된 중요한 백제 패망의 전조를 다룬 전설류가 구전 전설에서는 나타나지 않는다. 백제 패망 전조 전설들이 강조해 보였던 패망의 숙명관은 오늘날 전해지는 전설에서는 말끔히 배제되어 있다. 철저히 위인 중심, 영웅 중심적 역사관 위에서 있는 것이 전설이라 할 수 있다. 이러한 낭만주의적 역사관은 결국 인물의 가능성에 대한 무한 신뢰에 바탕을 두고 있다. 나라가 위기에 처할 때마다 영웅담이 증폭되어 전승되는 것도 상민들이 지닌 역사관의 이러한 측면에서 이해할 수 있다. 백제 충신의 한 사람인 계백은 실제의 모습보다 더없이 비범한 인물로 묘사되고 있는데, 잘못된 백제 패망 역사를 부정하고자 하는 희망감이 백제 충신들을 그처럼 과장된 모습으로 전설화한 것이다.

① 백제 패망 전설들은 단순명료한 대립구조를 통해 실책을 좀 더 과장해서 묘사하는 경향이 있다.
② 백제 충신을 실제보다 과장해서 묘사하는 것에는 반성의 의미가 담겨 있다.
③ 백제 패망 전설들은 인물에 집중해서 서술이 이루어진다는 점에서 낭만주의적 역사관과 차이가 있다.
④ 상민들이 지닌 역사관에서는 자신들을 구원해줄 영웅에 대한 무한 신뢰가 드러난다.
⑤ 전설은 비범한 인물로 묘사되는 계백의 반대편에 더없이 부족한 의자왕을 위치시키면서 교훈의 효과를 극대화한다.

문 2. 다음 글에서 알 수 있는 것은?

반가사유상은 싯다르타 태자가 출가하기 전 인간의 생로병사에 대해 명상에 빠진 모습에서 비롯한 상으로 한쪽 다리를 다른 쪽 무릎 위에 올리고 자기 뺨에 손가락을 댄 채 생각에 잠긴 모습으로 도상화되었다. 종교적 지존이 가부좌를 풀고 철학적 사유하는 행위를 조각으로 구현했다는 점에서 존엄하고 숭고한 신성과 친밀한 인간미가 하나의 작품에 융화되어 빚어낸 종교적 예술품이다. 반가사유상은 처음에는 태자사유상으로 제작되었다가 미륵신앙이 유행하면서 미래의 부처가 될 미륵보살 개념으로 발전했다. 우리나라에서 미륵신앙이 크게 유행한 7세기 전후에 많이 제작되었으며, 7세기 전반 이후 차차 관음보살과 아미타불 예배의 정토신앙으로 유행이 옮겨가면서 사라졌다. 일반적으로 반가사유상은 대개 어떤 주된 불상에 종속되거나 부분적인 존재에 불과하였기 때문에 독립하여 단독으로 예배 대상으로 조성된 예가 드물지만, 백제에 와서는 종속적인 관계에서 벗어나 독립적인 조형성을 획득하게 된다. 서로 다른 양식과 기법으로 제작된 국보 78호와 83호 금동미륵반가사유상은 한국적 미의식이 반영된 가장 아름답고 완벽한 조형미를 보여주는 불상이라고 평가받는다.

국보 78호 반가사유상은 83호보다 고졸미(古拙美)를 보여준다고 하여 제작 시기가 약간 더 앞선 6세기 후반으로 추정되는데, 좀 더 완숙미를 보여주는 83호에 밀려 상대적으로 덜 주목받았다. 이 상은 내부를 흙으로 채운 중공식(中空式) 주조기법을 사용하여 크기가 1m에 가깝게 큰데도 구리의 두께는 2~4mm밖에 되지 않고, 화려한 복장을 비롯하여 둥근 투각 대좌에 이르기까지 섬세한 디테일을 보여준다. 초승달 위에 둥근 해를 얹어놓은 일월식 보관은 중국과 우리나라, 일본에 모두 나타난다. 보관 하단을 머리띠처럼 두르고 귀를 덮어 흘러내리는 두 겹의 리본과 보살의 두 팔과 다리를 휘감고 있는 리본은 이 상을 완성하는 중요한 요소다. 리본은 태자든 범인이든 미륵으로 가기 위해 끊어야 할 번뇌를 상징한다. 온갖 속세의 권위와 번뇌들을 주렁주렁 이고 묶은 채 마침내 구도자의 평정심을 이뤄낸 보살의 표정은 그래서 더 숭고해 보인다.

① 반가사유상의 큰 특징 중 하나는 신성의 존엄함과 친밀한 인간미가 한데 어우러져 있다는 점이다.
② 관음보살과 정토신앙의 유행은 반가사유상의 개념이 변화하는 계기가 되었다.
③ 국보 78호 반가사유상은 독립적인 조형성을 지니고 있어 단독으로 예배 대상이 되었다.
④ 국보 78호 금동미륵반가사유상은 전체가 금동으로 제작되어 화려함과 섬세함의 극치를 보여준다.
⑤ 달과 해를 구현한 보관과 그에 연결되어 흘러내리는 리본은 우리나라뿐만 아니라 중국, 일본에서도 볼 수 있는 양식이다.

문 3. 다음 글의 핵심 논지로 가장 적절한 것은?

　　1999년 미국의 법학자 선스타인은 '집단 양극화 법칙'이라고 명명한 현상을 설명하는 사회적 실험을 수행했다. 이러한 실증적 실험의 결과 하나의 규칙적인 패턴이 나타났는데, 사람들의 신중함은 무리를 지어 움직이려는 성향으로 이어지고, 그 무리를 구성하는 개개인은 자신이 이전에 신중하게 내렸던 판단이 가리키는 방향에 있는 더 극단적인 지점을 향해 움직이려고 한다는 것이다. 즉 집단 순응 사고는 실재하며 그 집단을 공통된 생각의 극단으로 몰아간다. 이 실험에 따르면 총기 규제에 찬성하는 사람들을 한 집단에 모아놓고 토론을 시키면 토론 후에 훨씬 더 열렬히 이 생각을 지지하게 된다는 것을 알 수 있다. 집단이 그런 식으로 행동하는 이유는 꽤 분명하다. 일반적으로 사람들은 집단의 흐름에 거스르기를 꺼린다. 이미 어떤 것에 동의한 사람들은 그 집단 전체의 입장을 바꾸기보다는 기존의 입장을 좀 더 강도 높은 형태로 나아가게 하는 편을 택하게 된다.

　　이러한 성향은 소셜미디어가 보편화된 현재의 정치판에서 적극적으로 활용된다. 정치인들이 사용하는 소셜미디어는 정치인들을 더 극단적인 정치 행동으로 내몰고 있다. 왜냐하면 보상이 따르기 때문이다. 소셜미디어는 사람들의 집단화를 언제 어디서나 가능하게 만들었다. 정치적으로 극단적인 입장을 취하는 정치인에게 팔로워가 더 많으며, 타협을 추구하는 중도적 성향의 정치인은 양극단 모두에게 공격받는다. 어떤 정치인의 글이 더욱 분노에 차 있을수록 사람들의 참여 반응은 커진다. 정치인에게는 댓글을 달거나 공유하는 사람들이 자신의 글에 동의하는지 반대하는지는 중요하지 않다. 사람들로 넘쳐나는 모든 순간이 자신에게 이익이 되기 때문이다. 정치인들은 "정치인들에게 논란이 되는 것보다 더 나쁜 일은 아예 논란이 되지 않는 것이 유일하다."라는 오스카 와일드의 비평에 충실히 따를 뿐이다. 욕설을 아랑곳하지 않을 만큼 낯 두꺼운 사람들은 논란이 되는 복잡한 문제를 둘 중 하나의 선택으로 만들어버리면서 팔로워를 늘려갈 수 있다. 당연히 선거 캠페인 관리자들도 이 점을 이해하고 있고 자신들의 메시지를 퍼뜨리는 데 이를 활용한다. 중도적인 의견은 점점 사라지고, 사람들은 자신과 반대되는 의견을 점점 더 많이 마주하게 된다. 이것은 자신이 정말 싫어하는 정치인이 집권하는 모습도 자주 보게 될 것이라는 의미이다.

① 사람은 집단에 소속되면서 더 극단적인 성향을 띠게 된다.
② 집단 순응 사고의 발현을 언제든 가능케 해준 소셜미디어가 정치인들을 더 극단적인 방향으로 움직이도록 만들고 있다.
③ 집단 순응 사고는 선거 캠페인 관리자들이 자신들의 메시지를 전달할 때 주요하게 활용하는 성향이다.
④ 현재 정치판에서 정치세력이 힘을 얻기 위해서는 소셜미디어를 잘 활용하는 것이 중요하다.
⑤ 정치인들은 항상 논란이 되어 자신이 노출되는 것을 선호한다.

문 4. 다음 글의 핵심 논지로 가장 적절한 것은?

　　문화콘텐츠는 기본적으로는 '문화로서의 자격과 문화적 기능을 가진 콘텐츠'이자 '다양한 매체를 통해 구현되어 사람들에게 지적, 정서적 만족을 주는 창의적 가공물'로 정의된다. 비대면 수업을 시행하게 된 팬데믹 사태는 교육에 있어서 문화콘텐츠가 지닐 앞으로의 위상을 예측할 수 있는 계기가 되었다. 문화콘텐츠는 비대면 수업 상황에서 구성원들을 이어주는 가교가 되고, 교사가 제공한 것 외에도 스스로 찾아볼 수 있다는 점에서 학습자들의 주체적인 행동을 독려하는 요긴한 수업자료로 확인되었다.

　　문학교육 가운데서도 고전문학 교육이 문화콘텐츠를 활용할 때의 이점에 대해서는 조금 더 면밀한 검토가 필요하다. 언어나 문화의 장벽으로 인해 고전문학 작품을 어려워하는 현대 학습자들에게는 고전문학 작품을 원전으로 하여 만들어진 문화콘텐츠가 좋은 디딤돌이 되어 준다. 그런데 해당 콘텐츠에는 이중적인 잣대가 요구가 적용되기도 한다. 하나는 고전문학 작품을 이해하는 데 도움이 되는 자료로 사용되므로 해당 작품에 대한 충실한 이해가 어떤 형태로든 드러나야 한다는 것이고, 다른 하나는 그러면서도 오늘날의 사람들의 이목을 끌어야 하기 때문에 오늘날의 시대 정신에 부합해야 한다는 것이다. 물론 시대 보편적인 가치에 주목한다면 두 가지 요구를 모두 충족시킬 수 있지만, 고전문학 작품 자체에만 살아 숨쉬는 오늘날과의 '다름'은 어떻게 처리해야 하는지가 관건이다. 오늘날의 시대 정신을 외면하지 않고 학습자들의 생활과의 접점을 유지한 채로 고전문학의 '다름'에 대하여 즐겁게 배울 수 있는 콘텐츠화는 요원한 일일까?

　　이에 대한 대답이 바로 '밈(meme)'이다. '밈'은 몸에서 몸으로 복사되고 전달되는 유전자처럼 옷이나 식습관의 유행, 예식, 관습, 기술 등의 '문화'도 한 사람에게서 다른 사람에게로 복사된다는 아이디어에서 도출되었다. 문화적인 요소도 우리가 의식하지 못하는 사이에 전수된다는 점을 '밈'은 통찰케 한다. 여기에 주목하면 우리는 고전문학에 뒤섞여 있는 익숙한 것과 낯선 것을 모두 '지금까지 물려 받아진 것'으로서 바라볼 수 있다. 그중 낯선 것에 대해서 거부감을 느끼거나 극복해야 한다는 의무감을 느끼는 차원을 넘어서 그것이 왜 지금에 와서는 자연스럽지 않은 것으로서 느끼게 되었는지 그 자체를 탐구할 수 있게 된다.

① 고전문학 학습의 도구로서 문화콘텐츠 사용에 있어 '밈'에 주목할 필요가 있다.
② 문화콘텐츠는 비대면 수업에서 자발적인 학습 도구로서 유용하다.
③ 고전문학은 오늘의 시대와는 차이가 있어 시대정신이 담긴 문화콘텐츠로 활용하기 어렵다.
④ 밈은 유전자 차원의 개념일 뿐 아니라 문화적 차원에서도 중요한 요소이다.
⑤ 고전문학 학습에는 문화콘텐츠가 이중적인 잣대를 요구받는다는 점에 주의할 필요가 있다.

문 5. 다음 글에서 알 수 있는 것은?

지능정보사회에서 컴퓨터 시스템과 인터넷, 무선 네트워크에 대한 의존도의 증가와 스마트폰, 사물인터넷(IoT) 장치의 보급과 맞물려 사이버 보안의 중요성이 크게 대두되고 있다. 사이버 공격은 공격자가 중요한 정보를 탈취, 변경 또는 파기하거나, 정상적인 비즈니스 프로세스를 중단시키는 것 등을 목표로 한다. 사이버 보안은 이러한 디지털 공격으로부터 시스템, 네트워크 및 프로그램을 보호하는 것을 말한다. 이러한 사이버 보안을 위협하는 공격 유형은 기술이 발전함에 따라 계속해서 진화하고 있다.

지능정보사회에서의 컴퓨터는 전기 통신, 전력망, 원자력 발전소와 같은 여러 유틸리티의 기능을 제어하고 있는데, 이런 인터넷으로 연결된 기반 장비들에 사이버 공격이 이루어지는 경우 큰 혼란이 발생할 수 있다. 또한 시스템이 인터넷에 연결되지 않은 컴퓨터로 제어되는 장비조차 취약할 수도 있다. 예를 들면 다른 곳에서 바이러스에 감염된 여러 연결 장치가 인터넷에 연결되어 있지 않은 컴퓨터와 연결되는 순간 컴퓨터가 바이러스에 감염되어 여러 제어 장비의 작동이 마비될 수 있는 것이다.

일반 소비자들이 이용하는 노트북 등도 다른 대상을 공격할 봇넷(botnet)을 구성하는 데 사용될 수 있다. 스마트폰 등과 같은 모바일 장치에는 카메라, 마이크와 같은 센서가 있기 때문에 해커에 의해 악용될 경우 민감한 정보를 포함하여 다양한 개인정보가 유출될 수 있다. 이러한 장치 중 하나에서 와이파이, 블루투스 및 휴대폰 네트워크를 공격 경로로 사용할 수 있으며, 성공적인 침입 후에는 센서를 원격으로 활성화할 수도 있다.

은행과 같은 금융기관의 컴퓨터 시스템 역시 불법 이익 창출에 관심이 있는 해커들의 주요 해킹 대상이다. 해커들은 신용카드 번호, 은행 계좌번호 등 개인정보를 저장하는 웹 사이트나 앱을 해킹하여 해당 정보를 탈취하고, 블랙마켓에 이러한 정보를 판매함으로써 즉각적인 금전적인 이익을 얻을 수 있다. 또한 매장 내 결제 시스템이나 ATM 단말기 또한 고객 계정 데이터 및 PIN 정보를 수집하고자 하는 해커들의 표적이 되고 있다.

① 사이버 공격의 주된 목표는 금전적인 이익의 획득이다.
② 반드시 인터넷에 연결되어 있어야만 사이버 공격의 대상이 될 수 있다.
③ 디지털 휴대기기의 센서를 공격 경로로 사용하는 사이버 공격은 일반 소비자들의 개인정보 획득이 주된 목표이다.
④ 은행에 대한 해킹은 불법적인 이익의 획득보다는 특정 목적을 위해 정상적인 비즈니스 프로세스를 중단시키는 데 더 자주 활용된다.
⑤ 사이버 보안을 사이버 공격에 대한 모든 예방조치라고 넓게 정의한다면 블랙마켓에 대한 철저한 규제 및 단속도 사이버 보안의 한 수단이 될 수 있다.

문 6. 다음 글에서 알 수 있는 것은?

미세플라스틱은 생산 당시부터 5mm 이하로 만들어지는 1차 미세플라스틱과 일반플라스틱이 풍화와 자외선 등의 영향으로 크기가 줄어든 2차 미세플라스틱으로 구분된다. 1차 미세플라스틱 중 마이크로비즈는 치약, 세안용 스크럽 바디워시 등 생활용품과 화장품에 널리 사용되고 있다. 2015년 유럽연합 환경집행위원회 보고서에 따르면 화장품에 사용되는 마이크로비즈의 경우 매년 최대 8,768톤이 바다로 유입되고 있다. 마이크로비즈가 환경 및 해양생태계에 미치는 악영향이 보고되면서 주요 국가들이 마이크로비즈에 대한 규제를 시행하고 있다.

미국은 2015년 「해역 마이크로비즈 청정 법안」을 통과시켜 2017년부터 마이크로비즈를 포함한 세정용 화장품 생산 및 상업 거래를 금지했다. 캐나다도 2015년 환경보호법상 독성물질 목록에 마이크로비즈를 포함시켰으며, 이에 따른 규제안으로 2017년부터는 마이크로비즈가 함유된 생활용품과 화장품의 제조 및 수입이 금지되었다. 영국과 프랑스도 2018년부터 이와 같은 조치를 취하고 있다. 우리나라 역시 2017년부터 의약외품과 화장품에 마이크로비즈를 사용할 수 없도록 했다. 그러나 세탁세제 및 섬유유연제와 같은 생활용품에는 여전히 탈취, 유연, 향기 유지를 위한 미세플라스틱 사용을 허용하고 있다.

1차 미세플라스틱에 대한 관리가 어느 정도 이루어지고 점차 강화되는 추세지만, 2차 플라스틱에 대한 관리는 매우 미흡하다고 할 수 있다. 국제기구나 세계 대부분의 나라에서 2차 미세플라스틱을 단독으로 규제하는 협약이나 법률은 거의 없다. 다만, 플라스틱을 비롯한 쓰레기를 바다에 버리는 행위는 1970년대 초반부터 협약 채택 등으로 규제하고 있으며, 최근 유엔을 중심으로 해양쓰레기와 미세플라스틱에 대한 논의가 활발하게 진행되고 있다. 유엔환경총회는 2016년부터 2019년까지 매년 '해양 플라스틱 쓰레기와 미세플라스틱에 대한 결의안'을 채택하였고, 2025년까지 유엔환경계획(UNEP)이 중심이 된 해양쓰레기 예방 및 획기적 저감 방안을 마련하기로 하였으며, 이를 뒷받침하기 위한 국제적으로 구속력 있는 조치 및 협력방안 마련을 촉구한 바 있다.

① 미세플라스틱은 특정 용도를 위해 처음부터 매우 작은 크기로 만들어지는 플라스틱이다.
② 미국과 캐나다의 미세플라스틱 규제는 화장품에 사용되는 1차 미세플라스틱의 사용을 억제한다는 공통점이 있다.
③ 현재 우리나라에서는 생활용품과 화장품을 생산할 때 미세플라스틱을 사용하지 못한다.
④ 유엔환경계획(UNEP)은 2025년까지 해양쓰레기 예방 및 획기적 저감 방안을 마련하기로 하였다.
⑤ 2차 플라스틱에 대한 규제는 아직은 국제적 차원의 협약보다는 각국의 개별적 법률을 통해 이루어지고 있다.

문 7. 다음 글의 ㉠~㉤에서 문맥에 맞지 않는 곳을 찾아 적절하게 수정한 것은?

국제적 분쟁이 발생한 상황에서 민주국가 지도자가 경쟁국에 대해 군사동원령을 내리거나 준전시상태를 선포하는 등의 위협적인 선언이나 행동을 하였다면 그 지도자는 국내에서의 청중비용(audience cost) 때문에 실제로 그 선언이나 행동을 중도에 철회할 가능성이 독재국가 지도자에 비해 훨씬 ㉠ 낮다. 즉, 민주국가 지도자는 군사적 위기 상황에서 경쟁국에 대해 무력 사용과 같은 위협적 선언을 할 경우 군사적 행동을 실제로 이행하게 될 가능성이 독재국가 지도자에 비해 훨씬 크다는 것이다. 여기서 청중비용은 민주국가 지도자가 경쟁국에 대해 군사적 위협을 가하며 위기 상황을 고조시키다가 어느 시점에 가서 입장을 바꿔 위협을 철회할 때 자국의 유권자들로부터 받게 될 정치적 비용을 의미한다. 이러한 청중비용은 ㉡ 민주국가의 지도자에게는 큰 부담이 되지만 ㉢ 독재국가 지도자에게는 별 의미가 없다.

국가 간의 군사적 위기상황은 양국 국민들에게 노출되며 국민은 이 기회에 자국 지도자의 외교안보 리더십을 목격하게 된다. 따라서 위기상황이 더욱 고조될수록 청중비용은 더 커진다. 즉 군사적 위기의 초기에 지도자가 원래 입장을 철회하고 위기를 해소하기 위해 노력할 경우의 청중비용은 군사적 위기상황이 극도로 고조된 상태에서 위협을 철회하고 위기를 평화적으로 해결하려고 할 때의 청중비용보다 훨씬 ㉣ 낮다. 이와 같이 양국간 위기상황이 발생할 경우 각국의 국내정치적 청중비용의 크기를 분석하면 위기상황이 어떻게 고조될지 또는 해소될지를 예측하는 데 도움이 된다.

이에 대해 국내정치적 고려의 대상으로 유권자들에 더하여 국내정치적 경쟁자들을 포함해야 한다는 주장도 있다. 국내정치적 경쟁자들은 차기 선거에서 유리한 고지를 점령하기 위해 국가 지도자가 추진하려는 외교정책이 성공할 가능성이 크다고 판단될 때는 그 정책을 지지하고 나서는 경향이 있다. 이는 정책이 성공했을 때 정부와 여당이 얻게 될 유권자들의 지지를 최소화하기 위해서이다. 민주국가에서 야당 정치인들이 현 정부의 정책을 초당적으로 지지할 경우 청중비용은 더욱 높아지며 현 지도자는 강경한 입장을 중도에 철회할 가능성이 작아진다. 따라서 집권정부는 야당의 반대에 부딪힐 가능성이 아주 크다고 판단되는 위협적 대외정책은 신중하게 판단하여 애초에 추진하지 않는 경향이 크다. 그래서 상대국에 위협적인 외교정책이 추진된다면 이는 대부분 ㉤ 비밀리에 결정되는 경향이 있다.

① ㉠을 "높다"로 수정한다.
② ㉡을 "독재"로 수정한다.
③ ㉢을 "민주"로 수정한다.
④ ㉣을 "높다"로 수정한다.
⑤ ㉤을 "초당적으로"로 수정한다.

문 8. 다음 글에서 추론할 수 없는 것은?

어떤 선생님이 다음 주 월요일부터 금요일 사이에 시험이 있을 것이며, 이 시험은 깜짝 시험이 될 것이라고 말했다고 해 보자. 여기서 출발하는 역설적 추론은 다음과 같이 전개된다.

만일 목요일 밤이 그냥 지나갔으며 아직 시험을 보지 않은 상황이라고 해 보자. 시험이 금요일에 있을 것이라는 게 분명하다. 하지만 이러한 상황에서는 누구나 시험이 금요일에 있을 것이라고 예상할 수 있으며, 선생님이 내놓은 두 번째 전제는 시험이 갑자기 치러진다는 것이었으므로 금요일에는 시험이 없을 것이다. 이에 따라 학생들은 금요일을 시험일에서 배제할 수 있다. 그런데 이런 추론은 수요일 저녁까지 시험이 이뤄지지 않은 채 지나갔다면 목요일만이 시험을 치를 수 있는 유일한 날이라는 것을 함축한다. 결국 앞서 사용했던 것과 동일하게 추론해보면, 목요일에 시험을 치른다는 것 역시 예상할 수 있는 일이므로 목요일 역시 시험에서 배제되어야 한다. 이러한 추론은 각각의 날마다 반복될 수 있으며, 추론이 진행됨에 따라 모든 날은 갑작스럽게 시험을 치를 수 있는 날이 아니게 된다. 결국 학생들은 선생님이 내놓은 조건, 즉 예상되지 않은 시험을 갑작스럽게 볼 수 있는 날이라는 조건은 일주일 가운데 어느 날도 만족시키지 못한다는 결론을 내릴 것이다. 이제 선생님이 실제로는 수요일에 시험을 보게 한다면 학생들은 당혹감을 느끼게 될 것이다. 이처럼 발화되는 순간에 그 진술 자체가 거짓이 되는 진술을 화용론적 역설이라고 한다.

깜짝 시험의 역설은 거짓 추론이 있다는 점에서 해소될 수 있다. 거짓 추론이란 가정한 추론과 실제가 일치하지 않는 추론을 의미한다. 가정 자체는 논리적으로 보이지만 현실에서는 적용할 수 없는 추론이라면 거짓 추론이라고 할 수 있다.

① "내 말은 모두 거짓이다."라는 진술은 화용론적 역설에 해당한다.
② 실제로 수요일 저녁에는 목요일, 금요일 이틀 중 어느 날 시험을 보는지 알 수 없다는 사실은 깜짝 시험의 역설에 거짓 추론이 있다는 것을 보여준다.
③ 깜짝 시험의 역설에 따르면, 시험이 수요일이 아닌 월요일에 치러지더라도 깜짝 시험이라는 조건을 충족시킬 수 없다.
④ 깜짝 시험의 역설은 역순으로 추론하는 방법을 사용하고 있다.
⑤ 깜짝 시험을 어느 요일에도 보지 않는다면 선생님은 거짓말하지 않은 것이 된다.

문 9. 다음 글의 (가)와 (나)에 들어갈 말을 적절하게 나열한 것은?

　　악보를 기록하는 방법인 기보법이 처음 나타난 것은 중세 8~9세기 경이었다. 당시 기보법은 네우마(Neuma)라 불렸다. 초기의 네우마에는 음에 관한 정보, 즉 음의 높이, 깊이, 강약 등이 아주 개략적이고 거칠게 나타나는 데 그쳤다. 따라서 처음 노래를 배우는 사람이 초기의 네우마 악보에만 의존하여 정확한 음으로 노래하는 데에는 큰 한계가 있거나 불가능할 정도였다. 그런데도 네우마와 같은 기보법의 출발은 음악 세계에 있어서 위대한 발견의 첫걸음이었다고 볼 수 있다. 초기의 네우마에는 오선지와 같은 선이나 4분음표와 같은 음표가 하나도 표기되어 있지 않았다. 다만 가사의 글자 윗부분에 음에 관한 정보를 나타내어 상대적 음의 높이와 길이 등을 제시하였을 뿐이다. 이것은 획기적이었으나 상대적인 음의 정보를 기록했을 뿐, 　(가)　

　　11세기에 들어서면서 드디어 기준선을 그어 음을 표시하기 시작했다. 처음에는 한 줄만 그리는 것으로 음의 높낮이를 나타냈으나 곧 2개의 선을 그어 각각 도 음(C)과 파 음(F)의 기준을 제시하게 되었다. 도 음의 선은 노랗게, 파 음의 선은 빨갛게 하여 선마다 색을 다르게 나타내기도 하였다. 이로써 　(나)　 하지만 이후에도 통일된 기보법이 없이 선이 1개인 악보로부터 선이 20개인 악보가 난무하였다. 이때 구이도 다레초(Guido d'Arezzo)가 4선지의 악보 위에 손과 손가락을 이용하여 음을 기록하는 방법을 고안해내면서 이후로는 드디어 통일된 기보법의 틀 속에서 곡을 새롭게 창작하여 기록하는 작업이 시작될 수 있었다. 이때부터 음은 음표로, 가사는 문자로 악보에 나타내기 시작했다. 드디어 음악의 기록이 통일된 틀 속에서 이루어지면서 음악의 역사는 이른바 선사(先史)시대로부터 본격적인 유사(有史)시대로 넘어오게 되었다.

① (가): 가사에 따른 정확한 음의 높이, 길이와 강약은 알 수 없었다.
　 (나): 어느 정도 정확한 기준음의 높이를 잡을 수 있게 되었다.
② (가): 가사의 윗부분에 정보를 표시함으로써 난잡해 보인다는 단점이 있었다.
　 (나): 음과 가사를 구분하여 악보에 나타낼 수 있게 되었다.
③ (가): 가사에 따른 정확한 음의 높이, 길이와 강약은 알 수 없었다.
　 (나): 색깔만으로도 도와 파 음을 구분할 수 있게 되었다.
④ (가): 가사의 윗부분에 정보를 표시함으로써 난잡해 보인다는 단점이 있었다.
　 (나): 어느 정도 정확한 기준음의 높이를 잡을 수 있게 되었다
⑤ (가): 가사에 따른 정확한 음의 높이, 길이와 강약은 알 수 없었다.
　 (나): 음과 가사를 구분하여 악보에 나타낼 수 있게 되었다.

문 10. 다음 글의 <논증> 중 ㉠과 ㉡에 들어갈 말을 적절하게 나열한 것은?

　　'내러티브(narrative)'로서의 이야기는 이야기의 특징이나 본질을 최대한으로 구현하는 이야기, 한마디로 '이야기다운 이야기'를 가리킨다고 말할 수 있다. 이는 종류를 불문하고 모든 이야기를 가리키는 것이 아니라 인식론적으로 의미 있는 이야기만을 가리킨다. 즉, 내러티브 이론은 그 자체가 인식론이라고 볼 수 있다.

　　만약 내러티브 이론이 인식론이라면 그것은 합리론과 경험론으로 대표되는 전통적 인식론, 심지어 양자의 종합으로 알려진 칸트의 인식론과는 어떤 차이를 지니고 있는가? 이 질문에서 '차이'는 부분적이고 지엽적인 차이가 아니라 전체적이고 근본적인 차이를 뜻한다. 전통적 인식론이나 칸트의 인식론은 다 같이 인식(지식을 획득하고 사용하는 행위)을 설명하면서도 그 사이에 '차이'를 나타내고 있다. 만약 내러티브 인식론과 종래의 인식론 사이의 차이가 이런 수준의 것이라면, 내러티브 인식론은 종래의 인식론과 근본적으로 다를 것이 없는 제4의 인식론을 제안한 것에 지나지 않는 것이 된다. 따라서 내러티브 인식론이 나타내는 차이는 각각의 인식론이 내세우는 인식의 의미가 다르다는 정도의 차이가 아니라 　㉠　

　　내러티브 인식론은 인식을 이야기의 개념으로 설명하는데, 이는 종래의 인식론에서는 어디서도 찾아볼 수 없다. 내러티브 인식론에 의하면 이야기를 하는 사람은 인식 활동에 종사하고 있는데, 그의 이야기는 인식론적으로 의미 있는 내용을 인식론적으로 의미 있는 방식으로 서술하고 있다. 이야기는 그것을 듣는 사람이 있다는 것을 전제로 하는데, 이 듣는 사람 또한 이야기하는 사람과 동일한 인식 활동에 종사한다. 이처럼 내러티브 인식론에서의 인식은 　㉡　.

① ㉠: 인식이라는 개념의 의미가 다르다는 뜻에서의 개념적 차이이다.
　 ㉡: 서술하는 사람과 듣는 사람 간의 이야기 전달을 통해서 일어나는 것이다.
② ㉠: 종래의 이론들 전체와 차별화된다는 뜻에서의 범주적 차이이다.
　 ㉡: 서술하는 사람과 듣는 사람 간의 이야기 전달을 통해서 일어나는 것이다.
③ ㉠: 인식이라는 개념의 의미가 다르다는 뜻에서의 개념적 차이이다.
　 ㉡: 종래의 인식론과 근본적으로는 큰 차이가 없다.
④ ㉠: 종래의 이론들 전체와 차별화된다는 뜻에서의 범주적 차이이다.
　 ㉡: 종래의 인식론과 근본적으로는 큰 차이가 없다.
⑤ ㉠: 인식이라는 개념의 의미가 다르다는 뜻에서의 개념적 차이이다.
　 ㉡: 서술자가 독자적으로 참여한다는 점에서 종래의 인식론과 다르다.

문 11. 다음 논쟁에 대한 분석으로 적절한 것만을 <보기>에서 모두 고르면?

> 갑: 현재 인간의 인식범위를 초월하는 이론적 대상의 존재를 인정할 근거는 없다. 도깨비의 존재는 관찰할 수 없으므로 인식론적으로 확인할 수 없고, 따라서 존재론적 자질을 부여할 수 없다. 이와 같이 그 존재의 관찰을 통해 인식론적으로 확인할 수 없는 이론적 대상에 대해서는 존재론적 자질을 부여할 수 없다. 물론 인간에 의해 관찰될 수 없는 대상이라 해도 실제 세계 안에 존재할 수 있을지 모르지만, 이는 인식론적으로 아무런 의미가 없다. 물론 관찰과 비관찰을 구별할 수 있는 경계선은 모호하며 그 변화가 가능하다는 점은 인정한다. 그리고 직접 관찰될 수 있는 것들과 과학적 탐지장치를 사용하여 간접적으로 탐지할 수 있는 것들은 존재론적으로 연속되어 있다는 점도 인정한다. 하지만 이런 점에도 불구하고 우리가 관찰할 수 없는 대상은 세계에 대한 인간의 인식에서 인식론적으로 아무런 역할을 담당하지 않는다는 사실은 변하지 않는다.
> 을: 인간이 지닌 각각의 인식능력들은 그 인식의 확실성 면에서 상대적으로 정도의 차이가 있다. 그러나 이러한 정도의 차이로 인해 인식가능성과 인식불가능성이 구별될 수는 없다. 예를 들어 목성의 달을 망원경으로 관찰하는 것과 가이거 계수기를 작동하여 α입자를 측정하는 것은 인식론적으로 그 확실성 정도의 차이는 있지만 모두 정당화될 수 있으며, 따라서 α입자 같은 비관찰적인 이론적 대상들도 관찰할 대상인 목성의 달처럼 인식 가능한 것이다. 어떤 대상에 대해 인식 가능하다는 사실은 관찰 가능하다는 사실에 비해 그 적용의 외연이 넓다. 시각적 인식능력을 지니지 못한 시각장애인이라도 세계 안 대상들의 존재를 확인할 수 있는 인식능력을 지니고 있다. 또한 관찰적 경험의 범위는 과학기술의 발달에 따라 점차적으로 확장 가능하기에 이는 확실성 정도의 차이일 뿐, 관찰 가능 여부가 존재 여부에 영향을 미치지는 않는다.

─ <보 기> ─
ㄱ. 갑의 입장에서, 관찰할 수 없는 α입자와 도깨비는 존재론적 자질이 없는 것으로 동일하게 간주된다.
ㄴ. 을의 입장에서, 존재하지 않던 것이 과학의 발전에 따라 관찰할 수 있게 되어 존재하는 것이 되는 경우는 없다.
ㄷ. 맨눈으로 관찰한 달, 망원경으로 관찰한 달, 실제로 달에 가서 관찰한 달은 존재론적 자질이 각각 다르다는 입장이 갑이고, 그렇지 않다는 입장이 을이다.

① ㄴ
② ㄷ
③ ㄱ, ㄴ
④ ㄱ, ㄷ
⑤ ㄱ, ㄴ, ㄷ

문 12. 다음 글의 A~C에 대한 평가로 적절한 것만을 <보기>에서 모두 고르면?

> 다음은 형법상 '재산'의 범위에 대한 A~C의 견해이다.
> A: 법률상 권리로서 인정되는 경제적 이익만이 형법상 재산에 해당한다. 여기에서 권리란 법률적 의미이므로, 법적으로 승인되지 않은 재화, 권리가 아닌 사실상의 이익 및 노동력 등은 형법상 재산개념에 포함되지 않는다.
> B: 권리 이외에 사실상의 이익과 노동력 등 경제적 가치가 있는 모든 재화가 형법상 재산에 해당한다. 그 재화가 법률적으로 보호 내지 승인되느냐는 묻지 않으며 순수히 경제적 관점에서 재산개념을 파악해야 한다. 따라서 정당하지 않은 권리에 따라 취득한 불법 재산도 형법상 재산에 포함된다.
> C: 경제적 가치가 있고 법질서의 보호를 받는 모든 재화와 지위가 형법상 재산에 해당한다. 즉 경제적 관점만으로 형법상 재산을 정의하는 것은 허용되지 않으며 반드시 규범적 평가의 관점을 더하여 이를 정의해야 한다.

─ <보 기> ─
ㄱ. 형법상 금지되는 도박장을 개설하고 이를 대여하여 불법적으로 얻은 도박장 대여료를 몰수 대상 재산에 포함하는 판결은 A의 주장을 강화하는 사례이다.
ㄴ. B의 주장에 따르면 공무원이 형법상 금지되는 뇌물로 받은 불법 자금을 제3자가 소매치기를 통해 취득한 경우에도 형법상 절도죄가 성립할 수 있다.
ㄷ. B와 C는 재화의 경제적 가치를 무시한 채 법률적 관점에서 재산의 범위를 정해야 한다는 주장을 받아들이지 않을 것이다.

① ㄱ
② ㄷ
③ ㄱ, ㄴ
④ ㄴ, ㄷ
⑤ ㄱ, ㄴ, ㄷ

문 13. 다음 글에서 추론할 수 없는 것은?

> △△시험 관리본부에서는 장애인 응시자에 대한 편의제공을 위해 다음과 같이 장애 유형별로 시험 장소를 안내하고 편의제공 내용을 통지한다.
>
> <표> 장애유형별 편의제공 내용
>
> | | 시간 연장 | 문제지 | 답안지 | 시험장소 |
> |---|---|---|---|---|
> | 중증 시각 장애인 | 1.7배 | 점자 | 음성 지원 | A형 시험실 배정 |
> | 경증 시각 장애인 | 1.5배 | 확대 (120%) | 확대 (120%) | B형 시험실 배정 |
> | 지체 장애인 | – | – | 대필 | C형 시험실 배정 |
>
> 시각 장애인에게 공통으로 적용되는 규정은 다음과 같다. 첫째, 시험실의 좌석 간격을 1.5배로 조정한다. 둘째, 보조공학기기의 지참이 허용된다. 보조공학기기는 확대경 등의 시각 보조도구 및 스탠드, 독서대 등의 필기 보조도구를 의미한다. 한편 지체 장애인에게는 시험 중 화장실 사용이 허용된다. 또한 문제책에만 문항별로 답을 표기하면 시험종료 후 시험감독관이 대필용 답안지에 이를 옮겨적는다.
> A형 시험실은 음성지원 소프트웨어가 탑재된 컴퓨터실이라는 점에서 B형 시험실과 다르다. C형 시험실은 높낮이 조절 책상이 설치되었다는 점에서 다른 시험실과 차이가 있지만, 좌석 간격은 시각 장애인의 시험실과 똑같이 조정한다. 모든 시험실은 건물의 저층에 배정하며 부득이하게 그러지 못한 경우에는 엘리베이터가 설치된 시험장에 배정한다.

① 중증 시각 장애인에게는 높낮이 조절 책상이 제공되지 않는다.
② 경증 시각 장애인은 확대경을 사용해 시험을 치를 수 있다.
③ 양팔에 문제가 있는 지체 장애인은 음성지원 소프트웨어가 탑재된 컴퓨터를 이용해 시험을 치를 수 있다.
④ 중증 시각 장애인이 엘리베이터가 설치된 시험장에 배정되었더라도 시험실이 항상 2층 이상에 위치하는 것은 아니다.
⑤ 시험시간이 100분이라면 중증 시각 장애인은 지체 장애인보다 한 시간 이상의 시험시간을 더 부여받는다.

문 14. 다음 글의 내용이 참일 때, 갑이 반드시 구매해야 할 물품은?

> 갑은 주문이 적힌 메모의 내용에 따라 마트에서 장을 보고 있다. 메모의 내용은 다음과 같다.
> ○ 소주를 사면 반드시 과일도 살 것.
> ○ 과자와 맥주 중 하나는 반드시 살 것.
> ○ 과일과 음료수 중에서는 하나만 살 것.
> ○ 과자와 음료수를 같이 사지 않으면, 둘 다 사지 말 것.
> ○ 맥주를 사면 반드시 소주와 과자도 같이 살 것.

① 과자, 음료수
② 소주, 과일, 과자
③ 과일, 과자, 음료수
④ 소주, 과일, 과자, 음료수
⑤ 맥주, 소주, 과자, 과일

문 15. 다음 글의 내용이 참일 때, 반드시 참인 것만을 <보기>에서 모두 고르면?

> 영화 네 편에 관한 정보가 다음과 같다. 갑~정은 각각 한 편 이상의 영화를 관람했으나, 네 편의 영화를 모두 본 사람은 없었다.
> ○ '올빼미'를 본 사람은 한 명이다.
> ○ '한산'을 본 사람은 두 명이다.
> ○ '공조'를 본 사람은 세 명이다.
> ○ '범죄도시'는 최소 두 명 이상이 봤다.
> ○ 갑과 을이 본 영화 중에 병이 본 것은 없다.
> ○ 병이 본 영화 중에 정이 본 것은 없다.
> ○ 갑이 본 영화는 정도 모두 봤다.
> ○ 정이 본 영화 중에 갑은 봤지만 을은 안 본 것이 있다.

<보기>
ㄱ. 갑은 올빼미, 한산, 범죄도시를 봤다.
ㄴ. 을은 범죄도시와 공조를 봤다.
ㄷ. 병은 공조를 봤다.
ㄹ. 정은 한산, 범죄도시, 공조를 봤다.

① ㄱ
② ㄹ
③ ㄱ, ㄷ
④ ㄴ, ㄷ, ㄹ
⑤ ㄱ, ㄴ, ㄷ, ㄹ

문 16. 다음 글의 내용이 참일 때, 반드시 참인 것만을 <보기>에서 모두 고르면?

> A회사는 하청업체인 B, C와의 계약이 만료되어 연장을 검토하고 있다. 회사의 주요 프로젝트 두 개를 현재 B, C가 수행하고 있기 때문에 적어도 둘 중 하나와는 계약을 연장해야 하는데, 예산 삭감으로 인해 두 업체 모두와는 계약 연장을 할 수 없다. 만약 B업체와 계약을 연장하지 못한다면 S프로젝트를 포기하거나 아니면 담당부서 구조조정을 실시해야 한다. 만약 C업체와 계약을 연장하지 못한다면 계약을 연장해주겠다는 묵시적 합의 위반에 대한 민사소송에 휘말리거나 거액의 합의금을 지불해야 한다. 만약 A회사가 담당부서의 구조조정을 실시한다면 부족한 인원을 메꾸기 위해 반드시 단기 계약직 채용을 실시해야 한다. A회사는 거액의 합의금을 지불하지 않았다.

<보기>
ㄱ. A회사는 단기 계약직 채용을 실시한다.
ㄴ. A회사는 민사소송에 휘말리거나 S프로젝트를 포기한다.
ㄷ. A회사가 단기 계약직 채용을 실시하지 않으면, 담당부서 구조조정을 실시하지 않는다.
ㄹ. A회사가 B업체와 계약을 연장하지 않고 단기 계약직 채용도 하지 않았다면, S프로젝트를 포기하고 C와 계약을 연장한다.

① ㄱ, ㄴ
② ㄱ, ㄷ
③ ㄴ, ㄷ
④ ㄴ, ㄹ
⑤ ㄷ, ㄹ

문 17. 다음 글에서 추론할 수 있는 것만을 <보기>에서 모두 고르면?

남극에서 채집한 남극빙어를 해부해보면 투명한 혈액과 흰 피에 깜짝 놀라게 된다. 남극빙어는 왜 흰 피를 가지고 있을까? 사람이나 척추동물의 혈액이 붉게 보이는 이유는 적혈구에 다량으로 들어있는 철(Fe) 성분 때문인데, 철이 산소와 결합하여 산화되면 붉은색을 띠기 때문이다. 주변에서 쉽게 볼 수 있는 산소와 결합한 철, 즉 녹이 슬어서 붉게 변한 철 역시 이와 마찬가지 과정을 거친 것이다. 그렇다면 남극빙어의 혈액에는 철이 없다는 말이 된다.

혈액의 주성분인 헤모글로빈은 적혈구에 있는 단백질로서 폐로부터 산소를 신체 구석구석으로 운반해주는 중요한 역할을 한다. 이 기능의 근간은 헤모글로빈이 지닌 헴(Heme) 분자 구조인데, 분자 중심에는 철이 있고, 산소와의 결합이 용이하며, 헴 분자 4개가 한 쌍을 이룬다. 그런데 남극빙어의 경우 헴 분자 4개가 한 쌍을 이루는 헤모글로빈 대신 헴 분자가 하나만 있는 미오글로빈이 그 역할을 한다. 헴 분자 수가 4분의 1이 적으니, 철의 함량도 그만큼 적어, 붉은색이 아닌 거의 투명한 흰색의 혈액을 갖게 된 것이다.

그렇다면 왜 남극빙어는 헤모글로빈을 덜 가졌는지를 살펴보자. 그 해답은 남극 바닷물의 특성과 기체인 산소의 용해도에서 찾을 수 있다. 고체의 경우 온도가 높을수록 용해도가 커 잘 녹지만, 기체인 산소의 경우는 차가운 수온에서 더 잘 녹아 들어간다. 냉장고에 넣어 둔 청량음료에는 탄산이 잘 녹아드는 반면, 햇빛에 두어 열 받은 캔은 거의 폭발하다시피 부풀고, 열자마자 탄산 거품이 빠져나온다는 것을 떠올려 보면 이해가 쉽다. 남극빙어는 차가운 남극해의 수온 덕에 아주 풍부하게 녹아있는 산소를 굳이 복잡한 헤모글로빈을 이용해 몸 구석구석에 운반하여 공급받지 않더라도 산소를 충분히 흡수할 수 있다. 산소의 공급을 위해 헤모글로빈을 만들고, 이용하는데 에너지를 쓸 필요 없이 다른 곳에 에너지를 쏟을 수 있도록 진화한 것이다.

<보 기>

ㄱ. 흰색으로 보이는 남극빙어의 피에도 철 성분이 포함되어 있다.
ㄴ. 햇빛에 둔 캔이 부푸는 것은 내부에서 기체가 액체에 제대로 용해되지 않고 남아 있는 것이 원인이 된다.
ㄷ. 남극빙어를 포획해 우리나라에서 키우기 위해서는 산소 공급 장치 또는 수온을 낮추는 장치가 필요하다.

① ㄱ
② ㄴ
③ ㄱ, ㄷ
④ ㄴ, ㄷ
⑤ ㄱ, ㄴ, ㄷ

문 18. 다음 글에서 추론할 수 없는 것은?

ESG는 환경(Environment), 사회(Social), 지배구조(Governance)의 알파벳 첫 글자를 딴 용어로, 기업이 얼마나 높은 지속가능성 수준에 있는지를 평가하기 위한 기준이다. 환경은 이산화탄소의 배출량 삭감과 재생가능에너지의 이용 등에 관한 것이고, 사회적 책임은 기업의 경영에서 근로자의 인권문제에 대한 배려와 제품 안전성 확보에 관한 것이며, 지배구조는 비재무적 측면에서 임원 등의 다양성과 보수 및 납세의 적절성 등에 관한 것이다. 기업은 ESG 정보공개를 위해 지속가능경영 보고서를 제출하고, 이 세 지표에 대한 데이터를 바탕으로 투자자들은 이를 투자 의사 결정에 참고한다. 재무제표를 통해 재무적으로 안정된 기업을 찾아내듯이, 투자자들은 이 ESG 보고서를 통해 지속가능성이 높은 기업을 찾아낼 수 있다. 지금까지 이러한 정보공개를 기업의 자율에 맡겼으나 기후 위기의식이 높아지면 유럽을 기점으로 이를 점차 의무화하는 분위기이다.

이러한 지속가능경영 보고서의 마지막 페이지에는 보통 '제3자 검증의견서'가 들어간다. 보고서가 자의적으로 쓰인 것이 아니라 일정한 검증 기준에 맞춰 정확한 정보를 제공한다는 제3자의 인증이다. 아직 의무사항은 아니지만 보고서의 신뢰성을 높이기 위해 이러한 인증을 받는 기업이 늘어나고 있다. 2025년부터 자산 2조 원 이상 상장사부터 지속가능 정보공시가 의무화되기 때문에 ESG 정보의 검증과 신뢰성은 매우 중요한 사안이다.

주요 ESG 정보 검증 표준으로는 영국의 비영리단체 어카운터빌리티가 제정한 AA1000AS, AA1000AP와 국제회계사연맹 산하 국제감사인증기준위원회가 만든 ISAE3000이 있다. 아직 의무사항이 아닌 국내에서도 AA1000AS가 많이 쓰이는데, AA1000AS 기준은 포괄성, 중대성, 대응성, 임팩트의 4대 원칙으로 구성되어 있다. 유럽에서는 프랑스, 스페인, 이탈리아에서 ESG 정보 인증이 의무화되어 있다.

① ESG에서의 지배구조는 재무적 측면에서 주주의 지분 배분 비율에 의해 크게 좌우된다.
② ESG 개념은 결국 투자자들의 투자를 돕기 위한 기업 정보의 성격을 띠고 있다.
③ 지속가능성의 개념이 투자자의 판단기준 중 하나로 활용되고 있다.
④ 우리나라에서는 아직 ESG 정보에 대한 제3자의 인증이 의무화되어 있지 않다.
⑤ ESG 정보공시가 이루어지더라도 여기에 제3자의 인증이 들어 있지 않다면 정보의 신뢰성에 문제가 생긴다.

문 19. 다음 글의 ㉠과 ㉡에 대한 평가로 적절한 것만을 <보기>에서 모두 고르면?

경제학자들은 인간이 합리적 선택을 한다고 생각한다. 합리적 선택이란 자신에게 최대의 효용을 가져다줄 수 있는 선택을 의미한다. 그러나 인간이 항상 합리적 선택만을 하는 것은 아니다. 인간은 공동체를 이루어 살기 때문에 공동체 전체를 고려한 형평성 있는 선택을 하기도 한다. 합리성과 형평성은 상충하는 경우가 많다.

어떤 경우에 합리적 선택을 하고 형평성에 따른 선택을 하는지 알아보기 위해 한 사회학자가 실험을 하였다. 특히 피실험자 외의 다른 사람의 존재를 의식하는 것이 영향을 미치는지를 실험하고자 하였다. 혼자 있을 때와 비교하여 다른 사람이 선택을 지켜본다고 가정할 때 ㉠ 기존의 판단 기준을 유지한다는 가설과 ㉡ 판단 기준을 수정한다는 가설을 검증하기 위해 다음과 같은 실험을 수행하였다.

<실 험>

경제 정책을 고려할 때 합리성과 형평성 두 가지 기준으로 분류할 수 있다. 경제 정책 A, B, C를 합리성을 기준으로 하면 C가 가장 합리적이고 B가 가장 합리적이지 않다. 또한 형평성을 기준으로 하는 경우에는 A가 가장 형평성이 높고 C가 가장 형평성이 낮다. 상황 1에서는 피실험자 혼자 밀폐된 공간에서 합리성과 형평성 중 하나의 기준에 따라 시행할 경제 정책을 선택하게 했다. 상황 2에서는 피실험자를 관객들이 지켜보도록 하고 그것을 피실험자가 인지하게 한 후, 합리성과 형평성 중 하나의 기준에 따라 시행할 경제 정책을 선택하게 했다.

─── <보 기> ───

ㄱ. 상황 1에서 제시된 선택지가 A, B인 경우 피실험자가 A를, 상황 2에서도 A를 선택했다면, ㉠은 강화되지 않지만 ㉡은 강화된다.
ㄴ. 상황 1에서 제시된 선택지가 A, C인 경우 피실험자가 C를, 상황 2에서는 A를 선택했다면, ㉠은 강화되지만 ㉡은 강화되지 않는다.
ㄷ. 상황 1에서 제시된 선택지가 B, C인 경우 피실험자가 C를, 상황 2에서는 B를 선택했다면, ㉠은 강화되지 않지만 ㉡은 강화된다.

① ㄱ
② ㄷ
③ ㄱ, ㄴ
④ ㄴ, ㄷ
⑤ ㄱ, ㄴ, ㄷ

문 20. 다음 글의 ㉠과 ㉡에 대한 평가로 적절한 것만을 <보기>에서 모두 고르면?

㉠ 기계론적 자연관은 자연을 하나의 기계처럼 움직이는 물질로 보는 패러다임이다. 데카르트와 뉴턴으로 대표되는 이런 자연관은 자연의 운동과 변화를 기계적인 인과관계로 파악할 수 있다고 보고, 자연을 생명이 없는 물질적 재료만 보는 것이다. 데카르트는 우주는 정밀한 시계와 같으며, 사람도 여러 부분이 모여 하나의 전체를 이루는 기계장치에 지나지 않는다고 주장했다. 뉴턴은 고전역학을 완성해 단 3개의 법칙으로 우주의 움직임을 설명하였는데, 뉴턴의 방정식에 따라 물체의 초기조건(질량, 속도, 위치 등)을 알면 물체의 미래를 정확히 파악할 수 있게 돼 결정론적 세계관이 확립됐다. 기계론적 자연관의 핵심은 자연의 운동과 변화를 기계적 인과관계로 파악할 수 있다는 것으로, 이는 자연을 생명이 없는 물질적 재료로만 간주한다는 것을 의미한다. 이런 사고방식은 인간의 이성과 자연과학을 절대화하면서 자연과학적 인과관계를 설명할 수 있으면 과학적인 것이요, 그것이 없으면 무조건 비과학적인 것으로 간주한다.

이러한 기계론적 자연관은 필연적으로 환원주의로 귀착된다. 환원주의란 전체를 부분 부분으로 잘게 쪼개어 각 부분의 메커니즘을 이해하면 전체를 이해할 수 있다고 믿는 패러다임이다. 아무리 복잡한 것이라도 그것을 작게 분해함으로써 기본적인 단순성에 도달해 그것의 속성을 이해할 수 있으며, 그런 부분을 다시 합하여 전체로 환원시키면 복잡한 전체도 이해할 수 있다는 것이다. 이러한 환원주의는 기계론적 자연관과 함께 근대과학의 중심적 패러다임으로 자리 잡았다.

하지만 ㉡ 내 생각에 환원주의는 전체를 부분의 단순한 산술적 합으로 생각해 부분 간의 상호작용을 간과하고, 시스템적인 관점에서 사물을 이해하려는 노력을 소홀히 한다는 치명적인 결함이 있다. 모든 유기체와 조직은 단순히 부분의 산술적 합이 아니다. 인체를 단순히 인체를 구성하는 세포들과 장기(臟器)들의 단순한 집합체로 보는 서양의학의 근본적인 바탕도 기계론적 세계관과 환원주의이다. 그래서 각 장기 간의 상호작용은 무시한 채 어떤 부위에 문제가 생기면 그것만 고치면 되는 걸로 인식하는 것이다.

─── <보 기> ───

ㄱ. 질량, 속도, 위치와 상관없이 움직이는 물체가 발견된다면 ㉠은 강화되고 ㉡은 약화된다.
ㄴ. 인간의 세포 하나하나를 전부 안다고 해서 그 인간 전체를 이해할 수 없다면 ㉠은 약화되고 ㉡은 강화된다.
ㄷ. 심장에 문제가 생겨 심장을 고쳤는데 이로 인해 뇌에 문제가 생겼다면 ㉠은 약화되고 ㉡은 강화된다.

① ㄱ
② ㄴ
③ ㄱ, ㄷ
④ ㄴ, ㄷ
⑤ ㄱ, ㄴ, ㄷ

※ 다음 글을 읽고 물음에 답하시오. [문 21. ~ 문 22.]

근대과학을 가능하게 한 패러다임은 기계적 자연관, 철저한 경험적 방법, 수학적 서술로 요약될 수 있다. 그중 기계적 자연관은 자연을 시계처럼 다양한 부품에 의해 구성되고 일정한 원리에 따라 규칙적으로 움직이는 자동기계로 보는 관점이다. 갈릴레이, 케플러 등 근대 초기의 과학을 선도한 사람들은 세계를 수학적으로 설계되고 기계적으로 작동하는 구조물로 보았으며, 이러한 세계를 만든 신을 수학자나 기하학자 또는 건축가에 비유했다.

이러한 세계상의 기계화와 수학화는 자연현상에 대한 수학의 응용, 즉 단순히 현상을 수학적으로 기술하는 행위를 넘어서는 의미를 함축한다. 세계상의 기계화와 수학화는 기존의 연구지침이나 방법적 관습들, 즉 기존의 패러다임을 폐기하는 지적 전회(轉回)를 통해 이루어진 것이다. 갈릴레이가 자신의 물리학에 부여한 명칭인 '새 과학'(Nova Scienza), 케플러가 자신의 천문학에 부여한 제목인 '새 천문학'(Astronomia Nova)에서 새로운(Nova)이란 수식어는 바로 새로운 방법, 새로운 패러다임에 의해 이루어진 과학이라는 의미를 함축한다. 이들의 새로운 방법은   (가)   는 공통점이 있다. 새 과학은 성공적이었으며, 그 때문에 새 과학의 방식과 이론적 결과들은 이후 다른 모든 과학 분야의 혁신모델로 받아들여졌다. 그뿐만 아니라 새 과학의 사고방식은 자연과학의 영역을 넘어 인문·사회과학을 비롯한 모든 학문과 삶의 모든 영역에 영향을 미쳤으며, 합리적 사고의 전형으로 받아들여졌다.

근대과학은 존재론적·방법론적으로 새로운 지적 토대 위에서 이루어졌으며, 근대 과학철학은 이러한 '새 과학'의 토대를 확인하고 정당화하는 작업으로 시작되었다. 방법론적 연구에서는 귀납법과 가설적 연역법 그리고 수학적 분석 도구 등 새 과학에서 사용된 방법들의 논리적 구조를 분석하고 정식화하는 작업이 주된 과제가 되었다. 갈릴레이의 과제는 기존에 문제시된 아리스토텔레스적인 낙하운동 법칙을 대체할 법칙을 찾는 것이었는데, 그는 구체적 연구에 앞서 먼저 자신의 연구지침을 명시하였다. 이에 따르면, 물리학의 과제는   (나)   것이다. 이 지침에 준하여 그는 '무엇이 물체를 낙하하게 하는가'가 아니라, '물체는 어떤 방식으로 낙하하는가', 즉 낙하 현상에서 관찰 가능한 특성을 정량적으로 서술하는 것을 연구목표로 정했다. 갈릴레이의 이러한 과제 설정은 아리스토텔레스 이후 계승되어온 기존의 연구지침, 즉 '물리학은 실체적 원인에 근거하여 현상을 설명해야 한다'는 지침을 폐기함을 선언하는 의미를 지닌다.

문 21. 위 글의 (가)와 (나)에 들어갈 내용을 적절하게 나열한 것은?

① (가): 자연에 관한 어떤 실체적 특성이나 원리를 전제하지 않으며, 경험과 실험에 의한 사실을 수학적으로 기술하고 철저히 검증한다
   (나): 실체적 원리로부터 현상을 설명하는 것이 아니라 운동에서 관찰 가능한 관계를 서술하는

② (가): 경험과 실험에 의한 사실을 수학적으로 기술하고 철저히 검증하기보다는, 자연에 관한 어떤 실체적 특성이나 원리를 전제한다
   (나): 실체적 원리로부터 현상을 설명하는 것이 아니라 운동에서 관찰 가능한 관계를 서술하는

③ (가): 자연에 관한 어떤 실체적 특성이나 원리를 전제하지 않으며, 경험과 실험에 의한 사실을 수학적으로 기술하고 철저히 검증한다
   (나): 운동에서 관찰 가능한 관계를 서술하는 것이 아니라 실체적 원리로부터 현상을 설명하는

④ (가): 경험과 실험에 의한 사실을 수학적으로 기술하고 철저히 검증하기보다는, 자연에 관한 어떤 실체적 특성이나 원리를 전제한다
   (나): 운동에서 관찰 가능한 관계를 서술하는 것이 아니라 실체적 원리로부터 현상을 설명하는

⑤ (가): 기존의 연구지침에 기계적이고 수학적인 연구지침을 가미한다
   (나): 실체적 원리에 근거한 서술과 관찰 가능한 관계의 서술을 조화롭게 적용하는

문 22. 위 글에 대한 분석으로 적절한 것만을 <보기>에서 모두 고르면?

─── <보 기> ───
ㄱ. 아리스토텔레스와 케플러는 같은 현상을 서로 다른 연구지침에 따라 분석할 것이다.
ㄴ. '공이 시속 2km의 속도로 떨어졌다.'라고 기술하는 것은 근대 과학의 연구지침을 따른 것이다.
ㄷ. 자연을 어떤 실체적 원리에 따라 운행하거나 특정한 정신적 가치나 목적을 지향하는 유기체적 존재로 보는 관점은 새 과학에 의해 폐기되었을 것이다.

① ㄱ
② ㄷ
③ ㄱ, ㄴ
④ ㄴ, ㄷ
⑤ ㄱ, ㄴ, ㄷ

문 23. 다음 글의 <표>에 대한 판단으로 적절한 것을 <보기>에서 모두 고르면?

2021년 감염병 감시연보에 따르면 2021년 제1급과 제2급 감염병 환자는 총 67만 명으로, 2020년 16만 7천 명 대비 약 300% 증가했다. 신종감염병증후군(코로나19) 57만 명을 제외하면, 환자는 10만 명으로 전년(10만 6천 명) 대비 6.2% 감소했다.
제1급 감염병 환자는 신종감염병증후군(코로나19)의 전 세계적 유행에 따른 해외유입 사례 증가와 다수의 집단발생으로 인하여 2019년 1명에서, 2020년 6만 명으로, 2021년 57만 명으로 증가하여 전년 대비 약 840% 증가했다. 2020년에 1명이었던 보툴리눔독소증 환자의 경우 2021년에는 없었다.
제2급 감염병은 전년 대비 약 7% 줄었다. 특히, 호흡기 전파 감염병 환자가 5만 명으로, 전년(6만 4천 명) 대비 22% 감소하였다. 이는 2020년 이후 이어진 코로나19 유행에 따른 올바른 손씻기, 마스크 착용 등 개인위생 개선과 사회적 거리두기로 인한 사람 간 접촉 빈도 감소, 해외여행 감소 등의 영향으로 판단된다. 결핵 환자는 전년(2020년 2만 명) 대비 8% 감소한 1만 8천 명으로, 이는 2011년 이후 연평균 7.4%씩 줄어 지난 10년 동안 54% 감소한 수치이다. 수두는 전년 대비 33% 감소(2020년 3만 명 → 2021년 2만 명)하였고, 미취학 아동 및 초등학교 저학년 연령대(0 ~ 12세)에서 주로 발생했다. 홍역은 전년 6명의 환자가 보고되었으나, 2021년에는 환자 수가 0건으로 해외여행 감소 등 국내 유입 기회가 줄어든 데 따른 것으로 보인다. E형 간염은 2020년 7월부터 제2급 감염병으로 지정되었으며, 전년 대비 160%가 증가(2020년 190명 → 2021년 500명)했다.

<표> 2020년 ~ 2021년 감염병 환자 수 현황

	제1급 감염병	제2급 감염병
2020년	㉠	㉡
2021년	㉢	㉣

─── <보 기> ───
ㄱ. ㉠과 ㉢의 차이는 ㉡과 ㉣의 차이보다 작다.
ㄴ. ㉠과 ㉢의 차이를 발생시킨 주요 요인이 ㉡과 ㉣의 차이를 발생시킨 간접적 원인 중의 하나라고 볼 수 있다.
ㄷ. ㉡이 ㉣보다 큰 이유 중 하나는 E형 감염병이 새로이 2급 감염병으로 지정되었기 때문이다.

① ㄱ
② ㄷ
③ ㄱ, ㄴ
④ ㄴ, ㄷ
⑤ ㄱ, ㄴ, ㄷ

문 24. 다음 대화의 빈칸에 들어갈 내용으로 가장 적절한 것은?

갑: 안녕하십니까. 제가 사업체를 하나 설립했는데 장애인을 의무적으로 고용해야 한다고 들었습니다. 몇 명이나 고용해야 하는지 궁금합니다.
을: 국가·지방자치단체와 50명 이상 공공기관·민간기업 사업주는 장애인을 일정 비율 이상 고용할 의무를 부담합니다. 따라서 사업체의 근로자가 50명 이상이라면 이 규정을 적용받게 됩니다. 민간사업체의 경우 의무고용률은 3.1%입니다.
갑: 우리는 민간기업이고 직원이 200명이니 그럼 저도 해당하는군요. 혹시 이 규정을 지키지 않으면 어떤 불이익 같은 게 있나요?
을: 의무고용률에 못 미치는 장애인을 고용하는 사업주는 매년 고용노동부 장관에게 부담금을 내야 합니다. 여기서 상시 100명 미만의 근로자를 고용하는 사업주는 제외됩니다. 부담금은 사업주가 의무고용률에 따라 고용하여야 할 장애인 총수에서 매월 상시 고용하고 있는 장애인 수를 뺀 수에 부담기초액을 곱한 값으로 결정됩니다.
갑: 그럼 부담기초액이 중요하겠군요. 제가 장애인을 아예 고용하지 않는 경우하고 4명만 고용하는 경우의 부담기초액이 얼마나 되나요?
을: 장애인을 한 명도 고용하지 않는 경우의 부담기초액은 190만 원입니다. 의무고용인원의 1/2~3/4에 미달하는 경우의 부담기초액은 120만 원, 의무고용인원의 1/4~1/2에 미달하는 경우에는 140만 원, 의무고용인원의 1/4에 미달하는 경우에는 160만 원입니다.
갑: 그렇다면 저는 ▭▭▭▭▭ 제 부담금이 도출되겠네요.

① 장애인을 7명 이상을 고용해야 하니까, 만약 한 명도 고용하지 않는 경우에는 7 곱하기 190만 원을 하면
② 장애인을 6명 이상을 고용해야 하니까, 만약 한 명도 고용하지 않는 경우에는 6 곱하기 190만 원을 하면
③ 장애인을 7명 이상을 고용해야 하니까, 만약 4명만 고용하는 경우에는 3 곱하기 190만 원을 하면
④ 장애인을 6명 이상을 고용해야 하니까, 만약 4명만 고용하는 경우에는 6 곱하기 120만 원을 하면
⑤ 장애인을 7명 이상을 고용해야 하니까, 만약 2명만 고용하는 경우에는 5 곱하기 160만 원을 하면

문 25. 다음 글의 ㉠에 해당하는 내용으로 가장 적절한 것은?

　A시의 아파트에 거주하고 있는 갑은 위층의 소음으로 인해 큰 스트레스를 받고 있다. 주간에는 아이들이 뛰어다니는 탓에 쿵쿵 거리는 소리로 어떤 일에도 집중하기가 힘들었고, 야간에는 불규칙적으로 들려오는 화장실 물 내리는 소리로 잠들기가 어려웠다. 직접 올라가서 조용히 해달라고 부탁도 해보았지만, 위층에 사는 부부는 조심하겠다고만 말하고 달라지는 것은 없었다. 결국 아파트 관리사무소에 중재를 요청하자 관리사무소에서 업체를 불러 소음측정기를 통해 소음을 측정했는데, 아이들의 뛰는 소리는 40dB, 화장실 물 내리는 소리는 45dB로 측정되었다. 이에 따라 관리사구소에서는 「공동주택 층간소음의 범위와 기준에 관한 규칙」에 반하지는 않지만, 주민 간 불화방지를 위해 되도록 소음을 줄이도록 주의해달라는 당부를 하는 정도로 마무리하였다.

> 「공동주택 층간소음의 범위와 기준에 관한 규칙」
>
> 제2조(층간소음의 범위) 공동주택 층간소음의 범위는 입주자 또는 사용자의 활동으로 인하여 발생하는 소음으로서 다른 입주자 또는 사용자에게 피해를 주는 다음 각호의 소음으로 한다. 다만, 욕실, 화장실 및 다용도실 등에서 급수·배수로 인하여 발생하는 소음은 제외한다.
>   1. 직접충격 소음: 뛰거나 걷는 동작 등으로 인하여 발생하는 소음
>   2. 공기전달 소음: 텔레비전, 음향기기 등의 사용으로 인하여 발생하는 소음
>
> 제3조(층간소음의 기준) 공동주택의 입주자 및 사용자는 공동주택에서 발생하는 층간소음을 다음 기준 이하가 되도록 노력하여야 한다.
>   1. 직접충격 소음: 주간 43dB, 야간 38dB
>   2. 공기전달 소음: 주간 45dB, 야간 40dB

　여전히 소음에 시달리던 갑은 환경부에 층간소음의 기준이 너무 낮으니 이를 조정해달라는 민원을 제기하였다. 환경부는 실태조사를 거쳐 층간소음 기준을 높여야 한다고 판단하여 ㉠ 규칙 제3조를 개정하였다.

① 층간소음의 기준 중 직접충격 소음의 주간 기준을 4dB 감소
② 층간소음의 기준 중 공기전달 소음의 주간 기준을 6dB 감소
③ 층간소음의 기준 중 직접충격 소음의 주야간 기준을 모두 2dB씩 감소
④ 층간소음의 기준 중 직접충격 소음과 공기전달 소음의 야간 기준을 2dB 감소
⑤ 층간소음의 기준 중 공기전달 소음의 주간 기준을 4dB, 야간 기준을 8dB 감소

공단기
7급 PSAT
필수 모의고사

언어논리

문제편

3회

언어논리영역

문 1. 다음 글에서 알 수 없는 것은?

 기원전 109년 한(漢)나라가 고조선을 침공하여 한사군(漢四郡)을 설치하였다. 한 무제(武帝)는 고조선이 한나라의 주민을 포섭해가고 우거왕이 신하로서의 직분을 지키지 않는다는 명분을 내세웠으나, 그 이면에는 국제교역상의 이유도 있었다는 것이 정설이다. 한의 주요 교역 상대국이었던 고조선의 멸망은 곧 기존 교역 체제가 완전히 바뀌는 것을 의미했다. 한 무제는 고조선과의 교역 대신 조세 혹은 공납 수취 방식을 택했던 것이다. 한은 고조선의 영토에 낙랑군과 현도군을 둔 것은 물론 그 복속지인 임둔, 진번에 각기 임둔군과 진번군을 설치하여 종래 교역을 통해 입수하던 물자를 거의 무상으로 확보하고자 했다. 이로써 종래 고조선이 중계 교역에서 얻던 이득을 한나라가 차지할 수 있게 되었다. 이후 한의 민간 상인이 군현의 비호 아래 고조선의 내륙 깊숙이까지 들어와 활동했는데, 연안과 도서 지역에서 발견된 오수전 등 중국 고대 화폐는 이들이 연안 항해를 통해 한반도의 서해안과 남해안, 나아가서 일본열도까지 활동 범위를 넓혔음을 보여준다. 한반도 남부 내륙지역에는 한 군현의 직접 통제가 미치지 못했으므로 안전을 위해서 해안과 도서 지역을 중심으로 활동했던 것이다.
 삼한(三韓)과 왜(倭)에까지 진출하여 국제교역활동을 벌인 한의 상인들은 군현의 지원을 받았다고 할지라도 종국에는 자신의 경제적 이익을 목적으로 움직였을 터이므로 무역상이라고 할 수 있다. 그런데 정작 한나라 상인을 상대한 삼한 측의 파트너는 자료상에 잘 드러나지 않는다. 기원전 1세기 무렵 변한의 묘지에서는 한나라의 화폐와 함께 붓, 저울추 등이 발견되어 수장급 인물이 중국 측과의 교역을 주관했음을 보여준다. 한편 마한의 경우에는 기원전 2세기 이전 한 군현과의 공적인 관계가 어떤 성격이었는지는 명확하지 않다. 마한이 낙랑군에 속하여 조공했다는 기록이 있으나, 이는 중국 측의 의례적 표현이거나, 설령 조공 관계가 있었다고 하더라도 형식적 관계에 그쳤던 것으로 보인다.

① 한사군 설치 전 고조선의 교역체제는 중계 교역체제였다.
② 한 무제는 고조선과의 교역 관계를 거부하고 힘의 논리로 이득을 취하려 했다.
③ 한반도 남부 내륙 지방에서는 해안 지역보다 한나라의 화폐가 적게 발견되었을 것이다.
④ 한나라 상인들이 한사군의 비호 아래 한반도 지역에서 무역을 했더라도 이들을 한나라 관리라고 볼 수 없다.
⑤ 고조선에서 한나라와의 교역 관계가 조공 관계로 대체된 이후에는 한반도 남부의 삼한에서도 같은 현상이 일어났다.

문 2. 다음 글에서 알 수 있는 것은?

 조선왕조의 권력구조는 양반 사대부들이 우세를 점한 가운데 군주가 어느 정도 권력을 행사하는 양상으로 전개됐다. 최종 결정권은 군주에게 있었지만, 최종 결정의 내용을 채우는 권한은 양반 사대부들에게 있었다. 조정의 신하가 된 사대부들 대다수는 지주 가문의 일원이었다. 이들은 봉급을 받을 때는 신하였지만, 군주의 개혁을 막을 때는 지주계급의 모습으로 돌아갔다. 군주의 정책이 지주들의 이익을 침해할 때는 신하들이 거세게 반대하며 군주의 의지를 꺾었다. 이렇게 극대화된 정치적 긴장이 정상적인 정치 시스템에 의해 해소되지 못할 경우에는 크게 두 가지의 비정상적 방식에 의해 긴장이 해소되곤 했다. 중종반정과 같은 사대부들의 쿠데타에 의해 군주가 교체되는 것이 하나이고, 독살이 의심되는 급사로 인해 군주가 교체되는 것이 또 하나였다. 사대부들이 여론의 우위를 쥐고 있고 임금의 군대 내에 분열이 존재하는 경우에는 전자의 방법에 의해 정권이 교체되고 친(親)사대부적인 군주가 옹립되기 쉬웠다. 반면, 사대부들이 여론의 우위를 쥐지 못하고 임금의 군대도 동원하기 힘든 경우에는, 독살로 의심되는 정황에 의해 정권이 교체되고 반(反)사대부적인 군주가 사라지는 일들이 있었다. 조선 역사를 보면 사대부들이 쿠데타를 성사시킨 사례가 2건이 있고, 군주 27명 중 11명과 관련해 독살설이 존재한다.
 왕조시대 사람들이 생각하는 평화적 정권교체는 전직 임금이 죽은 상태에서 신임 임금이 왕좌에 앉는 것이었다. 그런데 독살로 의심되는 정황에 의해 정권교체가 이루어질 경우, 새로운 정권 담당자들이 반드시 겪게 되는 난점이 있었다. 쿠데타로 정권을 바꾼 경우와 달리, 죽은 군주의 정통성을 부정해서는 안 된다는 점이었다. 독살로 군주를 바꾼 세력이 선왕의 정통성을 부인하는 것은 자신들의 범행을 실토하는 것과 다를 바 없었다. 그래서 선왕을 최대한 존중하는 모양새를 취하면서 선왕의 정책을 파괴하는 묘안을 강구해야 했다. 이런 난점이 있기는 했지만, 독살은 쿠데타에 비해 실행 비용이 훨씬 적으므로 사대부들이 군주에 대한 자신들의 우위를 입증하고 자신들의 이익에 배치되는 군주를 배제하는 손쉬운 방법으로 받아들여졌다.

① 조선왕조에서 최종결정권은 사실상 양반 사대부들에게 있었다.
② 양반 사대부는 군주와의 관계에 있어 양면적인 모습을 띠었다.
③ 정치적 긴장이 극대화된 상황에서는 양반 사대부가 독살보다 쿠데타를 실행하는 것이 긴장 해소에 유리하였다.
④ 조선왕조에서 군주의 군대 장악력이 강할 때는 쿠데타를 통한 군주의 교체가 일어나는 경우가 많았다.
⑤ 독살은 처리야 할 비용이 적게 들며, 독살 이후의 정통성 계승 과정도 쿠데타에 비해 손쉬운 편이기에 선호되었다.

문 3. 다음 글의 핵심 논지로 가장 적절한 것은?

미래 일자리 전망에 따르면 평생 경력 시대는 종말을 고했고, 다양한 포트폴리오를 가진 근로자가 부상할 것이라고 한다. 앞으로 개인들은 다양한 종류의 기술과 자격증을 보유한 상태에서 여러 종류의 직업과 직장을 경험하는 '숙련 포트폴리오' 노동자가 될 것이다. 평생 안정된 경력을 유지하는 직종은 급격히 줄어들 것이며, 평생 직장 개념도 낡은 유물이 될 것이다. 한 직업에 고정되지 않은 채, 창조적인 방식으로 자신만의 직업 변천사를 계획할 수 있다는 점은 희소식이다. 한 연구결과에 따르면 실리콘밸리의 성공은 해당 지역 근로자들의 다양한 포트폴리오 숙련에 근거를 두고 있음이 밝혀졌다. 즉 실리콘밸리 지역의 전문직 및 기술직 근로자들은 매해 300개 이상의 기업이 설립되고 사라지는 상황에 적응하는 방법을 습득했다는 것이다. 특정 기술 전문가들은 컨설턴트가 되었다가 매니저가 되기도 하며, 근로자로 출발했다가 벤처 자본가가 되기도 하고, 반대의 과정을 밟기도 한다. 이처럼 다양한 포트폴리오로 무장한 개인들이 다채로운 현장을 오가며 기업 생태 환경을 더욱 풍성하게 만들었고, 이것이 실리콘밸리의 성공을 이끌었다는 것이다.

하지만 포트폴리오 노동자가 노동시장의 대전환을 이끌 가능성은 높지 않다는 신중한 추정에 주목할 필요가 있다. 영국과 미국의 경우, 정규직 근로자의 평균 근속 연수는 10년 전과 비교해볼 때 큰 변화를 보이지 않는 것으로 나타났다. 이직율이 높을 경우, 많은 비용이 수반되고 부정적인 인식을 심어주기 때문에, 고용주 입장에서도 새로운 근로자를 고용하기보다는 기존 근로자를 선호하는 경향이 남아있다. 또한 고용의 유연화라는 명분하에 채용은 물론 해고 또한 자유롭게 이루어질 수 있기 때문에 근로자 입장에서는 고용 안정성 권리를 훼손당하고 고용 불안정에 빠질 수 있다. 이러한 현상은 사회적 문제로 비화할 것이다. 기술의 발전에 따른 이상적인 직업의 모습이 있겠지만, 이는 기술을 위한 제안일뿐 우리의 삶 전반에 대한 고찰은 빠져 있다. 항상 모든 이상적인 일들은 현실과의 접목 과정에서 실험실에서 예측하지 못한 변수들로 인해 그대로 진행되지 못하고 변형되거나 사라지는 일이 비일비재하다는 것을 역사는 보여주고 있다.

① 앞으로 일자리 시장은 숙련 포트폴리오 노동자 중심으로 작동할 것이다.
② 실리콘밸리에는 이미 숙련 포트폴리오 노동자 중심의 고용관계가 정착되었다.
③ 숙련 포트폴리오 노동자는 새로운 직업으로의 전환을 신속하게 해낼 수 있다.
④ 고용의 유연화는 노동계의 거센 반발에 직면하게 될 것이다.
⑤ 여러 측면에서의 고찰을 결여한 채 새로운 직업 양상의 확산을 예측하는 것은 성급한 일일 수 있다.

문 4. 다음 글에서 알 수 없는 것은?

지구는 구인 데다 표면도 휘어 있어 삼각형과 다르다. 오렌지 껍질에 삼각형을 그린 뒤 껍질을 벗겨보면 삼각형의 세 변이 툭 튀어나와 있다. 각 꼭짓점에 있는 내각을 더하면 평면에 그린 삼각형 내각의 합 180도보다 더 크다. 따라서 일정한 나침반 방향을 따라 바다를 항해한다는 건 지구 표면을 직선으로 가로지른다는 뜻이 아니다. 이렇듯 지구의 둥근 표면이 지닌 복잡한 속성은 지도 제작의 주된 문제가 되어 왔다. 기하학자들은 오래전부터 지구 곡면을 아무 왜곡 없이 지도처럼 평평한 표면으로 곧장 변환할 수는 없음을 알고 있었다. 수천 년 동안 지도 제작자들은 지구 곡면을 평면으로 그릴 때 오차를 최소화할 수 있는 '투영법'을 추구해 왔다. 투영법은 구형의 지구 표면을 평면의 지도로 옮기는 수학적인 방법을 뜻하며, 구형을 평면으로 옮길 때 발생하는 거리, 면적, 방위 등의 왜곡을 어떻게 처리하느냐에 따라 다시 여러 가지 도법으로 나누어진다.

지금까지 알려진 투영법을 활용한 최초의 세계지도는 2세기 《지리학》에 실려 있는 아가토데몬이 제작한 지도이다. 이 세계지도는 위도와 경도가 그려진 투영도로 당시에는 혁명적이었다. 하지만 위도선이 휘어져 있는 데다 경도선도 평행하지 않고 최북단 지점에서 돌출돼 있었다. 거의 동시대에 티레의 마리누스라 불리는 지도 제작자가 '등방형 투영법'을 고안해 지역 지도를 만들었다. 등방형 투영법에서 위도는 수평으로, 경도는 수직으로 그려졌고 모든 선은 똑같은 간격으로 설정되었다.

1569년 메르카토르가 투영법으로 제작한 세계지도는 선원들에게 유용해 널리 쓰였다. 경위선이 수직 교차하며, 방위가 정확하여 등각 항로가 직선으로 표시되기 때문에 그의 지도에 있는 어떤 두 지점 사이 각도는 지구 구면 그대로 유지됐다. 즉, 지도의 나침반 방위가 배의 나침반 방위로 변환된 것이다. 그러나 적도 부분은 정확한 반면, 고위도로 갈수록 면적이 확대되고 극이 표시되지 않기 때문에 분포도로서는 정확성이 떨어지는 단점이 있었다. 실제로 세계는 메르카토르의 투영도와 비슷해 보이지 않았다. 예를 들어 알래스카는 브라질의 1/5 크기이지만, 메르카토르의 지도에서는 두 지역의 크기가 거의 비슷하다. 아프리카가 그린란드보다 14배 더 크지만 메르카토르는 똑같은 크기로 그렸다. 하지만 선원들에게는 바다에서의 정확한 항로가 중요하기 때문에 북쪽이나 남쪽으로 아주 먼 바다를 항해하지 않는 한 이러한 점은 크게 문제가 되지 않았다.

① 일정한 나침반 방향을 따라 바다를 항해하는 경우 곡선 형태의 항해궤적이 형성된다.
② 투영법은 구 형태의 지구 모양으로 인해 발전하게 된 지도 제작 방식이다.
③ 아가토데몬은 등방형의 투영법을 고안해 최초로 수평의 위도선과 수직의 경도선을 지도에 나타냈다.
④ 메르카토르가 제작한 지도에서 알래스카와 그린란드의 크기는 상대적으로 과장되어 표시됐다.
⑤ 바다를 항해하는 선원 입장에서는 땅의 크기보다 바다 위에 직선으로 표시되는 등각 항로가 더 중요하다.

문 5. 다음 글에서 알 수 없는 것은?

정의와 공정은 대체로 유사한 가치를 지향하는 개념이기는 하나 통상적인 사용례나 사용맥락에 따라 구분되기도 한다. 정의는 체제와 같이 참여자가 자발적으로 선택할 수 없는 상황에서 적절하게 사용된다면, 공정은 경기(game)와 같이 참여자가 자발적으로 선택할 수 있는 경우에 적절하게 사용되는 개념이라 할 수 있다. 그런데 롤스는 자신의 정의관을 구상하기 시작한 최초의 논문에서부터 자신의 정의관을 '공정으로서의 정의'라고 함으로써 정의를 공정의 관점에서 해석하고자 했다.

롤스는 사회적 권익을 분배하는 정의의 문제를 공정의 관점에서 이해하는 것이 가장 합당하다고 생각했다. 즉, 롤스는 사회적 권익의 정당한 분배를 다루는 사회정의의 문제를 공동체 구성원들이 모두 공정하게 대우받는 상황에서 그들이 자발적으로 선택하는 질서 또는 체제로 생각한 것이다. 따라서 그의 정의론에 있어서 해결해야 할 핵심적 과제는 사회 구성원들 모두가 공정하게 대우받는 조건은 어떤 것인지를 따지고 논의하는 문제로 귀결되며 그것이 공정한 이유를 밝히는 일인 것이다. 이러한 방식으로 구상되고 제시된 정의관을 '공정으로서의 정의관' 혹은 '절차적 정의관'이라 부른다. 이에 비해서 사회적 권익이 최종적으로 분배된 결과를 평가하는 다양한 방식들로 제시된 전통적 정의관은 결과적 정의관이라고 부른다. 전통적 정의관은 '각자에게 그의 X에 따라' 배분하는 것을 정의라 하며, X의 구체적 내용이 무엇인가에 따라 다양한 결과적 정의관으로 분류된다.

그런데 롤스에 따르면 절차적 정의관도 몇 가지로 나뉠 수 있는데, 완전한 절차적 정의와 불완전한 절차적 정의, 그리고 순수 절차적 정의가 그것이다. 완전한 절차적 정의는 정의로운 분배의 기준이 있고 그런 분배를 할 수 있는 단일한 절차를 생각할 수 있는 경우이다. 그리고 형사적 정의의 경우처럼 범인이 지은 죄에 적합한, 적절한 처벌을 받는 경우와 같이 정의의 기준이 있기는 하지만 인간적 한계로 인해 재판의 현실은 대체로 그에 미치지 못하는 것과 같이 절차가 불완전할 경우를 불완전한 절차적 정의라 한다. 롤스는 자신의 정의관을 순수 절차적 정의라 했는데, 여기서는 정의의 여부를 평가하는 사전 기준이 따로 없고, 대신 공정한 절차를 구상할 수 있을 때 그로부터 생겨나는 결과를 정의로 간주할 수 있으며, 이때 존재하는 것은 절차뿐이기에 이를 순수 절차적 정의라 부른다.

① 축구 경기에서는 정의로운 심판보다는 공정한 심판이라는 개념을 사용하는 것이 더 적절하다.
② 롤스는 정의 역시 구성원이 자발적으로 선택할 수 있는 개념이라고 보았다.
③ 전통적 정의관은 정의를 그 형성 과정에서 파악하는 반면, 공정으로서의 정의관은 정의를 도출된 결과에 따라 파악한다.
④ 같은 사건과 같은 법 아래에서도 판사에 따라 판결의 내용이 달라지는 경우를 불완전한 절차적 정의라 할 수 있다.
⑤ 순수 절차적 정의에서는 절차가 공정하게 구상되었느냐만이 정의를 판단할 수 있는 기준이 된다.

문 6. 다음 글에서 알 수 있는 것은?

이른바 메트칼페의 법칙에 따르면, 통신망의 효과는 그에 연결된 사용자 수의 제곱에 비례한다. 이 법칙은 여러 개의 노드(nod)를 갖는 네트워크 일반에 적용할 수 있다. 예를 들어, 노드가 둘뿐인 경우에 연결은 하나뿐이지만, 노드가 다섯으로 늘어나면 연결의 수는 열 개로 늘어난다. 즉, 노드가 n개일 때 가능한 연결의 수는 $nC_2 = \frac{n(n-1)}{2}$가 된다. n^2이 포함되어 있기 때문에 n이 커질수록 연결의 수는 급속하게 증가한다.

메트칼페의 법칙은 지대의 형성에도 시사를 준다. 특히 도시 지대의 경우, 잠재적 고객인 유동인구가 많을수록 이른바 목이 좋은 공간이 되면서 그로 말미암아 지대가 발생한다. 메트칼페의 법칙에서 말하는 통신망의 효과는 경제학적 개념으로는 사용가치에 해당한다. 그런데 노동력 상품의 경우, 그 사용가치는 고용주인 자본가에게 잉여가치를 생산해줄 수 있는 능력이다. 따라서 다수의 노동력을 결합하여 하나의 네트워크로 운용하는 자본가는 점점 더 많은 잉여가치를 생산할 수 있게 되는 것이다. 이를 '사회적 생산력의 자본의 생산력으로의 전환'이라는 명제와 연결지어 생각하면, 노동력의 네트워크가 커지면서 체증하는 비율로 생산되는 잉여가치가 해당 네트워크의 소유자인 자본가에게 귀속되는 문제로 간주할 수 있다.

현대 자본주의에서는 이러한 네트워크 안에 좁은 의미의 노동자뿐만 아니라 이른바 플랫폼 노동자들은 물론 소비자들까지도 편입되는 현상이 일어난다. 형식적으로는 노동자가 아니라 독립적인 사업자인 플랫폼 노동자들은 플랫폼의 소유자인 자본가에게 사실상 노동 통제를 당하는 것은 물론, 서로 경쟁하는 관계에 놓인 노동자들의 네트워크가 커질수록 그보다 더 큰 비율로 많은 가치를 생산하게 된다. 자본은 정보통신망 등을 활용하여 이른바 부가가치가 낮은 직무는 소비자에게 전가하기도 한다. 인터넷 쇼핑몰에서의 주문 등을 위한 정보입력처럼 단순한 일은 소비자가 직접 처리하도록 만듦으로써 해당 직무를 맡던 노동력의 고용을 절감할 수도 있는 것이다. 흔히 생산소비자(prosumer)라 불리는 현상의 배후에는 이와 같은 가치생산 네트워크의 재편성이 놓여 있다. 이러한 경우 잉여가치의 생산과 네트워크로부터 발생하는 지대 사이의 질적 차이는 모호해진다.

① 노드가 10개일 때 가능한 연결의 수는 100개이다.
② 자본재의 경우 노동력이 많아질수록 사용가치는 커진다.
③ 현대 자본주의의 노동력 네트워크는 노동자들로만 구성된다.
④ 노동력 네트워크를 소유하고 있는 자본가 입장에서 자신의 잉여가치를 키우는 방법 중 하나는 해당 네트워크의 확장이다.
⑤ 플랫폼 노동자와 생산소비자는 네트워크와는 별도의 독립적인 지위를 보유하므로 네트워크에서 발생하는 지대와는 무관하다.

문 7. 다음 글의 ㉠~㉤에서 문맥에 맞지 않는 곳을 찾아 적절하게 수정한 것은?

지정학적으로 한반도는 태평양의 패권자가 아시아 대륙으로 들어오는 관문이며, 아시아 대륙의 패권자가 태평양으로 뻗어나가는 발판이기도 하다. 현재 태평양과 아시아 대륙의 패권자는 각각 미국과 중국이라고 할 수 있다. 두 대국은 한반도의 분단 상황으로 말미암아 각각 반도의 남과 북을 동맹국으로 삼아 ㉠ 직접적 대결의 완충지대로 삼고 있다.

한반도의 지정학적 가치는 미국과 중국에 국한된 것만이 아니었다. 부동항(不凍港)을 얻기 위한 러시아의 전통적 남진 정책, 대륙진출의 교두보를 얻기 위한 일본의 일관된 정한론(征韓論)이 두 나라의 대표적인 대 한반도 정책이었으며 이로 말미암아 한민족은 임진왜란, 정유재란, 러일전쟁, 일제 강점을 겪어내야 했다.

한반도를 둘러싼 4개국의 이해가 한꺼번에 정면충돌한 곳도 한반도에서 발발한 한국전쟁에서였다. 당시 한국과 북한은 힘이 부족했기에 자신들만의 힘으로 전쟁을 시작할 가능성은 희박한 상황이었다. 그러나 북한의 김일성은 소련의 군사지원을 받아 한국전쟁을 일으켰다. 그리고 전쟁이 시작되자 일본에 주둔하던 미군 병력을 위시해 미국이 이끄는 UN군이 북한의 남침을 낙동강 방어선에서 막아냈고, 이후 패주를 거듭한 북한은 중국의 참전과 소련의 후원에 힘입어 극적으로 되살아났다. ㉡ 주변국의 지원이 없었다면 한국전쟁은 일어나지 않았을 것이며, 한국전쟁 중 ㉢ 주변국의 지원이 없었다면 한국과 북한은 각각 낙동강과 압록강에서 그 운명을 다했을 것이다.

그렇다면 현재 한반도의 상황은 어떠한가? 공산주의가 무너지면서 소련이 러시아로 탈바꿈했고, 일본과 중국이 차례로 강국의 자리에 올랐고, 남북의 경제력이 역전되어 그 차이가 ㉣ 크게 벌어지면서 상황은 이전과는 다른 양상으로 전개되고 있다. 북한은 핵무기를 앞세워 한국을 위협하고 있고, 중국과 러시아는 여전히 미국과 일본에 대립각을 형성하고 있다. 냉전 시대의 이데올로기적 대립은 전 세계적으로 퇴조하고 있어 '이데올로기의 종언', 심지어 '역사의 종말'이 회자되고 있는 세상이지만, ㉤ 한반도를 둘러싼 군사적 긴장은 최고조에 달해 있다. 일촉즉발의 남북관계, 선제공격도 불사하겠다는 북미 관계, 아시아의 해양 지배권을 둘러싸고 각축전을 벌이는 미중 관계와 중일 관계 모두 한반도를 위협하는 악재들이다.

① ㉠을 "직접적 대결의 무대"로 수정한다.
② ㉡을 "주변국의 지원이 없었어도 한국전쟁은 일어났을 것"으로 수정한다.
③ ㉢을 "주변국의 지원과 무관하게"로 수정한다.
④ ㉣을 "크게 벌어졌지만 핵심은 달라진 것이 없다."로 수정한다.
⑤ ㉤을 "한반도를 둘러싼 군사적 긴장 역시 크게 완화되었다."로 수정한다.

문 8. 다음 대화의 ㉠으로 적절한 것만을 <보기>에서 모두 고르면?

갑: 정부와 지방자치단체에서는 지역경제를 활성화하기 위해서 전통시장의 개량을 지원하고 있습니다. 이러한 노력에도 불구하고 전통시장은 여전히 낙후된 시설과 높은 밀집도로 인해 화재 등 재난에 취약하여 대형화재로 이어질 위험성이 매우 높은 실정입니다. 과연 어디에 문제점이 있는 것일까요?

을: 전통시장은 공간 자체가 복잡하고 좁아서 화재 발생 시에 대형화재로 확대될 가능성이 큼과 동시에, 좁은 골목과 노점상 등의 점유로 소방차 진입도 어려워 신속한 화재진압에도 어려움이 있습니다. 이러한 공간의 문제를 해결하는 것이 가장 급선무가 아닐까 합니다.

병: 법제적 차원의 문제점도 큽니다. 많은 점포에 현행 법령을 소급 적용하지 못하고 과거 법령이 적용되고 있어서 소방설비 등이 현재 기준에 비해 미흡하게 설치되어 있습니다. 가장 기본적인 소화기조차도 구비하고 있는 점포가 50%를 겨우 넘을 정도이고, 이마저도 불량률이 꽤 높을 것으로 추정됩니다. 화재의 초기 진압 골든타임을 놓치면 대형화재로 번지는 것을 속수무책으로 바라보고 있을 수밖에 없습니다. 법제 기준을 정비하여 이 점포들이 현재의 화재 기준을 따르게 하는 것이 중요합니다.

정: 전통시장의 소방 정책을 담당하는 기관이 여러 곳이라는 것도 효율적 정책 추진에 문제가 된다고 봅니다. 중소벤처기업부, 소방청, 각 지방자치단체 등에 권한들이 나뉘어져서 제각각 소방 정책을 추진하고 있기에 정책의 통일성이 떨어지고 불필요하게 중복된 정책도 많습니다. 시행하고 있는 소방 정책 중에서 여러 기관에서 동일하게 시행하고 있거나 기관 사이의 협력이 필요한 정책을 구분하여 하나의 컨트롤 타워가 이를 담당한다면, 통일성 있는 소방 정책 추진이 가능할 것입니다.

갑: 모두들 좋은 의견 감사합니다. 오늘 회의에서 논의된 내용을 확인하기 위해 ㉠ 필요한 자료를 조사해 주세요.

<보 기>
ㄱ. 전통시장별 노점상 등 비등록 점포 수와 등록 점포 수의 비율 현황
ㄴ. 전통시장 소화기 보급률 및 불량률 현황
ㄷ. 기관별 전통시장 소방 관련 정책 현황

① ㄱ
② ㄴ
③ ㄱ, ㄷ
④ ㄴ, ㄷ
⑤ ㄱ, ㄴ, ㄷ

문 9. 다음 글의 (가)와 (나)에 들어갈 말을 적절하게 나열한 것은?

민주화는 어떤 비민주적 정치체제가 민주적인 다른 체제로 변화하는 이행(transition)을 의미하는데, 분석적인 측면에서는 하나의 정치 공동체가 민주주의를 새로운 정치적 게임의 규칙으로 받아들이는 것을 의미한다. 소수에게 권력이 집중된 기존의 비민주적 게임의 규칙이 아닌 시민에게 권력이 귀속되는 게임의 규칙을 어떤 과정을 통해 수립하며 어떤 세부적 규칙이 최종적으로 선택되며, 또 어떻게 시행되는가가 민주화의 성공 여부를 가늠하는 중요한 기준이 된다.

새로운 정치적 규칙은 대개 새로운 헌법을 통해 나타나지만 그것이 정치적 현실성을 갖게 되는 것은 민주주의 정초선거를 통해서다. ____(가)____ 일찍이 민주주의에 관한 연구에서 달(Dahl)은 민주주의를 존속케 하는 8개의 제도적 장치를 논의했는데 표현, 결사의 자유를 제외한 여섯 개가 선거와 관련되어 있다. 그리고 평등한 투표, 의제에 대한 통제, 계몽된 이해 등 선거에 관련된 조건들을 민주주의가 존재하기 위한 필수적인 조건들로 꼽았다.

현실적인 측면에서 경쟁이 허용된 공정한 선거가 존재하지 않는 정치체제를 민주주의라 부를 수 없다. 물론 ____(나)____ 민주주의 공고화 연구들은 절차에 불과한 선거만으로 민주주의를 평가하는 것은 곤란하다는 입장을 취해왔다. 실제로 민주주의 이행을 겪은 다양한 국가에서 권위주의 체제와는 달리 경쟁이 허용된 선거가 존재함에도 실질적 민주주의의 내용은 만족하지 않는 현상이 상당수 목격되었기 때문이다. 이런 비판에 동의하는 사람들은 선거의 존재를 중시하는 절차적 민주주의와 민주주의 여러 질적인 측면이 성취된 실질적 민주주의를 구분하기도 한다.

① (가): 정초선거 없이는 민주화가 이뤄지지 않기 때문이다.
   (나): 이상적인 공정한 선거 절차를 갖춘 나라는 많지 않다.
② (가): 새로운 헌법과 정초선거 사이 괴리는 민주화를 저해할 수 있다.
   (나): 선거 없이 민주화를 이루는 경우도 있다.
③ (가): 선거가 어떻게 진행되는가가 민주주의를 판단하는 가장 기초적인 판단 기준이 된다.
   (나): 이상적인 공정한 선거 절차를 갖춘 나라는 많지 않다.
④ (가): 선거가 어떻게 진행되는가가 민주주의를 판단하는 가장 기초적인 판단 기준이 된다.
   (나): 경쟁이 허용된 선거가 민주주의의 모든 것을 말하는 것은 아니다.
⑤ (가): 새로운 헌법과 정초선거 사이 괴리는 민주화를 저해할 수 있다.
   (나): 경쟁이 허용된 선거가 민주주의의 모든 것을 말하는 것은 아니다.

문 10. 다음 대화의 빈칸에 들어갈 내용으로 가장 적절한 것은?

갑: 안녕하십니까? 저는 A시 의회의 시의원입니다. 우리 시에서 음식점 단속을 위한 새로운 조례를 제정하고자 합니다. 이때 준수해야 할 것이 무엇입니까?
을: 네. 시에서 조례를 제정하고자 할 때는 해당 시에 관련한 내용이어야 하며, 상위 법령에 위배되는 내용이 있어서는 안 되고, 상위 법령에 근거를 두고 있어야 합니다.
갑: 그렇군요. 그래서 상위 법령인 식품위생법의 내용에 어긋나지 않도록 조례를 제정하려고 합니다. 그런데 조례의 내용 중 식품위생법에서 규정하지 않은 음식점에서 발생하는 음식물 쓰레기양에 대해서도 단속하는 내용을 신설하고자 합니다. 이러한 경우에 법적 판단은 어떻게 됩니까?
을: _____.
갑: 지방자치법 제28조에서는 지방자치단체가 법령의 범위에서 조례를 제정하게 하였고 상위 법령에 근거를 두라는 조문은 없습니다.
을: 그것은 다른 문제입니다. 지방자치법 제28조의 조례는 권리를 제한하지 않는 조례를 의미합니다. 상위법인 헌법 제37조 제2항에서는 국민의 권리는 법률로써 제한할 수 있다고 하고 있으므로 권리를 제한하는 조례는 권리를 제한하지 않는 조례와는 구분되어야 할 것입니다.
갑: 지방자치법 제28조는 지방자치단체의 조례 제정에 대한 자율권을 보장하기 위한 것인데, 이러한 해석이 지방자치단체의 자율권을 침해하는 것은 아닙니까?
을: 지방자치법 제28조는 물론 지방자치단체의 자율권을 위한 법입니다. 다만 조례를 제정할 때도 국민의 권리를 제한하는 경우에는 최소한의 기준을 둘 필요가 있습니다. 상위 법령에 규정되지도 않은 권리를 조례로 제한하는 것은 국민의 권리를 지나치게 제한하는 결과를 가져올 수 있기 때문입니다.

① 해당 조례의 내용이 음식점을 운영하는 국민의 권리를 과도하게 제한합니다.
② 상위 법령에 근거를 두지 않았기 때문에 위법한 조례가 됩니다.
③ 상위 법령인 식품위생법에 위배되지만 않는다면 적법합니다.
④ 권리를 제한하는 조례라고 볼 여지는 없지만, 식품위생법에 위배되어 위법한 조례가 됩니다.
⑤ 지방자치법 제28조가 헌법에 위배되기 때문에 상위 법령에 근거를 두지 않아도 적법합니다.

문 11. 다음 글에서 추론할 수 있는 것은?

장내에는 박테리아, 곰팡이, 기생충, 바이러스, 고세균과 같은 미생물이 살고 있다. 이 장내 미생물군의 유전자 정보를 특정해서 말할 때 장내 미생물 유전체, 즉 마이크로바이옴이라고 부른다. 마이크로바이옴은 대개 장내 미생물군의 유전체를 의미하지만 장내 미생물군 자체를 지칭하는 의미로 사용되기도 한다. 장내 미생물들은 우리 몸과 조화, 균형을 이루며 서식하면서 우리 몸의 건강을 지켜주는 역할을 한다. 하지만 조화와 균형이 깨지면 면역 체계와 영양공급 체계에 문제를 일으켜 여러 가지 질병을 초래하기도 한다. 사실 장내 미생물의 80% 정도는 일반 실험실에서 배양되지 않기 때문에 그동안 잘 알려지지 않았다.

장은 사람과 외부 환경 사이의 가장 큰 경계면을 이루고 있고 표면적이 무려 $200m^2$에 이른다. 영양소의 대사와 수분 흡수에 매우 중요한 역할을 할 뿐만 아니라, 외부와 접촉하는 면적이 크므로 외부로부터 유해한 물질이나 미생물의 공격을 받기 쉽다. 따라서 이를 막아 내는 방어체계도 잘 갖춰져 있는데, 예를 들어 대장임파선 조직의 면역 세포는 인체의 어떤 조직의 면역 세포보다 많다. 길이가 6.5m인 인간의 장은 위, 소장 그리고 대장 이렇게 세 기관으로 구성되어 있지만 인간 마이크로바이옴 연구는 대부분 대변을 통해 판독되는 대장의 마이크로바이옴을 대상으로 한다.

대장은 인체의 모든 장기 또는 피부 표면 중 가장 많은 미생물군을 갖고 있는데, 대장의 밀리리터당 약 1천억 개의 미생물을 갖고 있다. 장내 미생물로 많이 알려진 유산균 종이 속한 락토바실러스 속은 대개 유익균이 많고 퍼미큐테스 문에 속한다. 그렇다고 퍼미큐테스 문에 속한 박테리아들이 모두 유익균은 아니다. 오히려 퍼미큐테스 문의 95%를 차지하고 있는 클로스트리디움 속 중에는 유익하지 않은 균도 많다. 즉 같은 계열에 속한다고 모두 유익하거나 또는 유해하다고 볼 수는 없는 것이다. 단, 이 분류군 각각의 상대적 비율은 개인에 따라 매우 다양하며, 심지어 같은 사람 안에서도 평생에 걸쳐 변해 간다.

① 장내 박테리아, 곰팡이, 기생충 등을 통틀어 유전체를 뜻하는 마이크로바이옴이라고 지칭해서는 안 된다.
② 사람의 몸에 있는 미생물 중 80% 이상이 장에서 발견된다.
③ 인간의 장 중 대장이 가장 길고 표면적도 넓기 때문에 장내 미생물 연구는 대부분 대장을 대상으로 하여 진행한다.
④ 락토바실러스 속에 있는 유익균보다 클로스트리디움 속에 있는 유해균이 더 많다.
⑤ 장내 박테리아 분류군 각각의 상대적 비율은 이들이 우리 몸과 조화와 균형을 이루는지에 따라서도 달라질 것이다.

문 12. 다음 글에서 추론한 것으로 옳은 것만을 <보기>에서 모두 고르면?

거북선은 목선이므로 지금까지 남아있는 배가 단 한 척도 없으며, 배에 탑재했던 유물도 발견될 가능성이 거의 없어서 복원이 불가능하다. 거북선의 존재는 역사적 사실이지만 오늘날 사람들이 인식하고 있는 거북선의 이미지는 후대 사람들에 의해 만들어진 상상일 뿐이다. 거북선의 내부 구조는 군사 기밀에 해당하기에 이에 관한 상세한 직접 사료는 남아있지 않다. 이에 따라 학계에서는 거북선의 내부 구조에 대한 논쟁이 치열하게 전개되고 있다. 다음은 그 대표적인 주장들이다.

갑: 거북선은 돌격선의 특성상 적진을 빠르게 돌파하면서 방향을 급격히 바꾸는 것이 중요하기 때문에 무게 중심이 낮고, 복원력이 뛰어난 2층 구조로 만들어졌을 것이다. 1층에서는 노를 젓고, 2층에서는 포를 쏘는 구조였다고 추정된다.
을: 서양식 노와 다르게 한국식 노는 1층에 앉아서 젓는 것이 불가능하다. 따라서 1층은 선실 또는 창고로 사용하고 2층에서 노를 젓고 3층에서 포를 쏘는, 판옥선 같은 구조였을 것이다.
병: 3층 구조는 무게 중심이 높아 복원력이 약하므로 뒤집히기 쉬워 돌격선에는 적합하지 않다. 따라서 1층은 선실이나 창고였을 것이며, 2층에서 노를 젓고 동시에 포도 쏘는 구조였을 것이다.

─── <보 기> ───

ㄱ. 거북선은 배의 이동을 위한 공간과 전투를 위한 공간을 분리하여 전투 효율성을 극대화하였다는 사실이 밝혀진다면 갑의 주장은 강화되고 을의 주장은 약화된다.
ㄴ. 판옥선에 지붕을 덮는 것만으로 간단하게 거북선으로 개조할 수 있었다는 사실이 밝혀진다면 을과 갑의 주장은 강화된다.
ㄷ. 조선 선조 시대에 그려진 거북선 그림에 노를 젓는 공간에 포를 쏘기 위한 포혈이 뚫려 있었다는 사실은 갑의 주장을 약화시키고 병의 주장은 강화시킨다.

① ㄱ
② ㄷ
③ ㄱ, ㄴ
④ ㄴ, ㄷ
⑤ ㄱ, ㄴ, ㄷ

문 13. 다음 글에 대한 판단으로 옳은 것을 <보기>에서 모두 고르면?

2021년 발표된 IPCC 제6차 보고서에는 공통 사회경제경로(SSP)로 불리는 기후변화 시나리오가 사용되었다. 여기에 나오는 최적 추정 온도란 1850~1900년의 지구 평균기온 대비 미래 특정 시기의 평균기온 추정 상승분을 나타내는 값으로, 각 시나리오는 전 세계 재생에너지 채택과 친환경적인 발전 노력의 정도에 따라 온실가스 배출량을 추정하고, 그에 따른 지구복사에너지 증가를 계산해 지구 평균기온에 반영하였다. 기후변화 완화를 위해 지금 우리가 취할 수 있는 사회 경제적 행동을 독립변수(x)로 놓고, 이에 따른 지구 평균기온을 종속변수(y)로 둔다. 즉 우리가 온실가스를 줄이기 위해 선택한 노력의 정도를 다섯 단계로 나누어, 이것이 SSP 뒤의 첫 번째 숫자가 된다.

두 번째 숫자는 2100년의 복사강제력(W/m^2)을 나타낸다. 복사강제력은 대기 중 이산화탄소 농도와 비례한다. 전 인류가 최선을 다해 기후위기에 대응하는 시나리오가 SSP1-2.6, 별다른 노력을 하지 않는 것이 SSP5-8.5라 볼 수 있다. 그리고 극단적인 두 경로 사이에 우리가 맞이할 미래는 SSP2-4.5 경로로 볼 수 있다. 사실 지금의 추세로 볼 때는 SSP3-7.0이 더 현실적이다. 여기에 더해서 최적 추정 온도 1.5도를 유지하기 위해 SSP1-1.9라는 시나리오를 추가했지만, 이는 IPCC의 과학자와 경제학자들이 처음에는 제외했을 만큼 비현실적인 안이었다.

<기후변화 시나리오별 지구 평균기온 추정값>
(단위: ℃)

시나리오	단기 최적 추정 (2021~2040)	중기 최적 추정 (2041~2060)	장기 최적 추정 (2081~2100)
SSP1-1.9	1.5	1.6	1.4
SSP1-2.6	1.5	1.7	1.8
SSP2-4.5	1.5	2.0	2.7
SSP3-7.0	1.5	2.1	3.6
SSP5-8.5	1.6	2.4	4.4

─── <보 기> ───
ㄱ. 우리가 어떤 시나리오를 채택하더라도 2040년까지 최적 추정 온도는 1.5도 이상일 것이다.
ㄴ. 필자가 가장 현실적이라고 생각하는 시나리오에 따르면 중기 최적 추정 온도는 2도 이상일 것이다.
ㄷ. 실현가능성 있는 최선의 시나리오에서는 최악의 시나리오보다 장기 최적 추정 온도를 3도 낮출 수 있다.

① ㄱ
② ㄴ
③ ㄱ, ㄴ
④ ㄴ, ㄷ
⑤ ㄱ, ㄴ, ㄷ

문 14. 다음 글의 내용이 참일 때, 갑이 먹을 음식을 모두 고르면?

○ 갑이 치킨을 먹지 않는다면 김밥을 먹는다.
○ 갑은 피자를 먹거나 햄버거를 먹는다.
○ 갑이 피자를 먹는다면 치킨을 먹지 않는다.
○ 갑은 햄버거를 먹지 않는다.

① 피자
② 치킨
③ 김밥, 치킨
④ 김밥, 피자
⑤ 김밥, 피자, 치킨

문 15. 다음 글의 내용이 참일 때, 반드시 참인 것만을 <보기>에서 모두 고르면?

> 행정법 학습을 위해 7명(A~G)이 모여 스터디를 구성하고 스터디 날짜를 정하려고 한다. 스터디룸 대여 가능일은 월요일, 수요일, 금요일이고 오전이나 오후에 1회씩 이용할 수 있다. 스터디원들의 의견을 모아본 결과가 다음과 같았다.
>
> ○ B는 금요일에는 참석할 수 없다.
> ○ G는 월요일에는 참석할 수 없다.
> ○ F는 수요일 아침에는 참석할 수 없다.
> ○ C는 오전에는 참석할 수 없다.
> ○ A가 참석하는 날에는 B도 반드시 참석한다.
> ○ D가 참석하는 날에는 B와 F도 반드시 참석한다.

─── <보 기> ───

ㄱ. 어떤 시간대는 참석하지 않는 사람이 참석하는 사람보다 더 많다.
ㄴ. 금요일 오후에 스터디를 진행한다면, 적어도 세 명 이상이 참석하지 않는다.
ㄷ. 모두가 참석 가능한 시간대는 없다.

① ㄱ
② ㄷ
③ ㄱ, ㄴ
④ ㄴ, ㄷ
⑤ ㄱ, ㄴ, ㄷ

문 16. 다음 글의 내용이 참일 때, 반드시 참인 것만을 <보기>에서 모두 고르면?

> 갑, 을, 병, 정은 같이 스터디를 진행하고 있다. 스터디 과목은 경제학, 행정법, 행정학, 정치학이다. 갑이 포함된 스터디에는 항상 을도 포함되어 있다. 병이 포함된 스터디에 정은 항상 포함되어 있지 않다. 행정학 스터디를 하는 사람은 정뿐이다. 경제학 스터디에는 세 명 이상이 참여 중이다. 각각의 사람은 두 개 과목의 스터디에 참여하고 있다.

─── <보 기> ───

ㄱ. 갑이 행정법 스터디에 참여한다면 정치학 스터디에는 한 명만 참여한다.
ㄴ. 정이 정치학 스터디에 참여한다면 갑과 을은 행정법 스터디에 참여한다.
ㄷ. 세 명이 참여하는 스터디는 두 과목이다.

① ㄱ
② ㄴ
③ ㄱ, ㄷ
④ ㄴ, ㄷ
⑤ ㄱ, ㄴ, ㄷ

문 17. 다음 글에서 추론할 수 없는 것은?

만성질환 유전자 연구의 첫 번째 단계는 가족력이 있는지 확인하는 것이다. 그러나 가족력이 있더라도 유전이 원인일 수도 있고, 가족들이 생활습관 및 환경을 공유해서 그럴 수도 있다. 그것을 구분하는 것이 유전율 연구이다. 유전율은 유전자가 형질의 발현에 얼마나 중요한 역할을 하는지 나타내는데, 0(유전 원인이 형질에 대해 아무것도 설명하지 못함)과 1(유전 원인이 모든 것을 설명함) 사이의 값으로 계산된다. 1에 가까운 높은 유전율은 유전자가 사람들 간의 차이에 큰 영향을 미친다는 것을 의미하며, 0에 가까운 낮은 유전율은 개인 간의 형질 차이가 유전적이지 않다는 것을 나타낸다. 즉, 전체 질병(또는 표현형)의 원인(유전 또는 환경) 중에서 유전자가 원인인 경우의 비중이 어느 정도인가를 퍼센티지로 나타내는 것이 유전율이다.

이 유전율 연구에서 많이 활용하는 방법은 일란성 쌍둥이의 질병 발생 일치율과 이란성 쌍둥이의 질병 발생 일치율을 비교하는 것이다. 이란성 쌍둥이는 두 개의 난자가 각기 다른 정자와 수정되어 두 명의 아이가 태어난 경우로서, 일반 형제자매처럼 유전체 일치율은 평균적으로 50%이다. 반면에 일란성 쌍둥이는 하나의 난자와 하나의 정자가 결합하여 생긴 수정란이 발생하는 과정에서 세포 덩어리가 두 개로 갈라져서 생긴 경우로서, 유전적으로 완전히 같아 유전체의 일치율이 100%인 경우이다. 예를 들어 검상적혈구 빈혈증 같은 단일 유전자 질환의 경우 일란성 쌍둥이의 한쪽에 질병이 있으면 다른 쪽 쌍둥이의 검상적혈구 빈혈증의 발생 일치율이 거의 100%가 된다. 한편 다인자 질환 중 하나인 제1형 당뇨병은 일란성 쌍둥이의 일치율은 40%, 이란성 쌍둥이의 일치율은 5% 정도 된다. 선천성 기형의 하나인 구순구개열의 경우에 일란성 쌍둥이의 일치율은 30%, 이란성 쌍둥이의 일치율은 2%이다. 여기서 우리는 일란성 쌍둥이와 이란성 쌍둥이의 일치율 차이가 매우 크다는 것을 알 수 있다. 이 차이가 크면 유전율이 높게 계산된다. 유전율이 높다는 것은 환경적인 요인보다는 유전적인 요인이 원인이 될 가능성이 크다는 의미를 지닌다. 반면 조현병의 경우 일란성 쌍둥이의 일치율이 45%로 꽤 높은데, 이란성 쌍둥이의 일치율 역시 15%로 상대적으로 꽤 높다는 것을 알 수 있다.

① 조현병의 유전율은 제1형 당뇨병의 유전율보다 높을 것이다.
② 어떤 질병의 유전율이 0.9라면 유전자가 질병의 원인일 가능성이 있다.
③ 일란성 쌍둥이는 하나의 난자와 하나의 정자만으로 태어난다.
④ 구순구개열은 단일 유전자 질환에 해당하지 않는다.
⑤ 가족력은 유전적 원인과 환경적 원인으로 구분할 수 있다.

문 18. 다음 글의 ㉠과 ㉡에 대한 평가로 적절한 것만을 <보기>에서 모두 고르면?

민족이 근대의 산물이냐 아니냐에 따라 민족의 실체와 특성도 매우 달라진다. 근대의 산물로서 민족은 '시민적 민족'이라 하고, 이런 민족주의를 ㉠'시민적 민족주의'라고 부른다. 시민적 민족은 국가 안에 이미 다양한 종족들이나 민족들이 존재하기에 이들을 모두 포괄해야만 한다. 이 경우 민족주의가 특정 민족이나 종족의 역사와 문화에 치우친다면 다른 민족이나 종족의 거부감을 불러와 오히려 분열을 야기할 수 있다. 시민적 민족주의가 종족이나 민족을 초월한 자유와 평등, 박애 등의 근대적 공공문화와 국민 참여, 국민투표 등의 근대적 민주 제도를 바탕으로 형성되는 이유가 여기에 있다. 따라서 근대적 민족은 상상의 공동체로서 실제 존재하는 것이 아니라 의식적으로 형성된 구성적 존재이다. 구성적 존재로서 시민적 민족은 법적·정치적 공동체의 성격이 강하고, 구성원의 민족 선택에 상대적으로 개방적인 성향이 강하다.

반면 근대 이전부터 존재하는 민족은 '종족적 민족'이라 부르고, 이런 민족주의를 ㉡'종족적 민족주의'라 한다. 종족적 민족은 민족 자체의 역사성을 강조한다. 여기서 민족은 의식상으로 상상되는 구성적 존재가 아니라 실존하는 존재로 여겨지며 혈연적 계보, 고유문화 그리고 대중동원을 강조한다. 따라서 종족적 민족은 역사적·문화적 공동체의 성격이 강하게 나타나고, 민족은 선택하는 것이 아니라 운명지어진 존재로서 다분히 폐쇄적인 성향을 갖는다.

시민적 민족주의냐 종족적 민족주의냐에 따라서 민족주의의 추진방식도 다르다. 종족적 민족주의에서는 국가가 존재하지 않기 때문에 당연히 아래로부터의 '대중 민족주의'가 주로 나타난다. 반면에 시민적 민족주의에서는 국가가 이미 존재하고 있기에 위로부터의 '국가 주도 민족주의'와 아래로부터의 대중 민족주의가 모두 나타날 수 있다. 대중 민족주의의 경우에는 자발적인 성향인 높은 반면에 국가 주도 민족주의에는 의도성과 강제성이 높은 국가주의적 성향이 강하게 나타난다.

─────── <보 기> ───────
ㄱ. ㉡에 비해 ㉠은 민족 간의 문화 차이로 인해 구성원들이 분열될 가능성이 더 높다.
ㄴ. ㉡에도 ㉠처럼 국가 주도 민족주의가 나타난다.
ㄷ. ㉠에 비해 ㉡은 더 폐쇄적인 성향을 가지며 민족주의를 추진하는 방식도 더 강제적이다.

① ㄱ
② ㄱ, ㄴ
③ ㄱ, ㄷ
④ ㄴ, ㄷ
⑤ ㄱ, ㄴ, ㄷ

문 19. 다음 글에서 추론할 수 없는 것만을 <보기>에서 모두 고르면?

세균성 점무늬병은 콩의 병중 피해가 심한 것 중의 하나로서 주로 잎에 발생하지만 엽병 줄기 꼬투리 등 지상부의 전체 부분에서 발병한다. 병원균의 침입을 받으면 식물체는 직접 또는 간접으로 생리적인 영향을 받는데 병든 식물은 엽록체나 엽록소의 함량이 병원체에 의하여 줄어들어 황화현상을 유발하게 된다.

세균성 점무늬 병균에 감염된 콩잎은 감염된 식물의 물질 요구량이 급격히 증가한다. 병원균에 감염된 콩은 병원균에 대응하여 생리적으로 정상 기능을 유지하려면 단위 시간당 물질생산이 증가하여야 하며 물질생산의 증가는 성장량을 증가시킬 수 있다. 그러나 병이 진전되면 식물 체내에서 팽압의 소실이 빠르게 일어나고 결국에는 괴사가 일어나 성장 과정이 원활하지 못하여 건전한 콩보다 감소한다.

콩의 호흡은 체내의 에너지 대사에 영향을 받는다. 건전한 식물은 광합성을 통해 고정한 이산화탄소로 유기 탄소화합물을 생합성하고 이를 이용하여 체내의 에너지 대사에 이용하게 되는데 감염된 콩은 엽록체 반응이 저하된다. 엽록체는 광합성에 관여하기 때문에 이는 광합성을 어렵게 만든다.

병원균에 감염되면 기공들의 형태적 변화가 일어나고 기공 주변에 병원균과 분비물이 쌓이게 된다. 기공 저항은 식물의 환경 중에서 온도, 습도 등에 의하여 변화가 나타나는데 기공을 통한 수증기의 손실 정도를 뜻한다. 기공 주변에 분비물이 쌓이면 체내에 수증기를 붙잡아두는 것이 어려워진다.

─ <보 기> ─

ㄱ. 세균성 점무늬 병균에 감염되었다면 물질생산이 일시적으로 감소하였다가 다시 증가할 것이다.
ㄴ. 세균성 점무늬 병균에 감염된 콩은 감염되지 않은 콩보다 호흡이 줄어들 것이다.
ㄷ. 세균성 점무늬 병균에 감염된 콩의 기공 저항은 감염되지 않은 콩에 비해 약하게 나타날 것이다.

① ㄱ
② ㄴ
③ ㄱ, ㄷ
④ ㄴ, ㄷ
⑤ ㄱ, ㄴ, ㄷ

문 20. 다음 글에서 추론할 수 있는 것만을 <보기>에서 모두 고르면?

탈산업사회론자들은 탈산업사회에서 경제 활동의 중심이 재화 생산으로부터 서비스 생산으로 이동한다고 주장한다. 선진 경제에서 대다수 고용이 서비스 부문에 속하고 서비스 부문이 GNP의 많은 부분을 차지하고 있는 것은 분명한 사실이다. 그러나 그것이 바로 제조업이 사라지고 있다거나 서비스 경제의 활성화가 제조업의 역동성과 무관하게 진행된다는 것을 의미하지는 않는다. 또 다른 분석상의 혼란은 하나의 세계 경제 체제에 편입된 선진국과 개발도상국을 자의적으로 분리하여 이해하는 데서 비롯된다. 미국과 유럽에서의 탈산업화를 주장해 온 분석가들은 그 밖의 지역에서 일어나는 변화를 간과하였다. 국제노동기구(ILO)의 자료에 따르면, 최근 30년간 선진 국가들에서는 제조업 고용이 다소 감소하였지만, 주요 산업화 국가들에서는 대폭 증가하였다. 전반적으로 선진국 외 지역의 신규 제조업 고용 창출이 선진국의 제조업 고용 감소분을 상쇄하거나 넘어섰던 것이다.

직업 구조에 대한 탈산업사회론자들의 전망은 관리직, 전문직 등 정보와 관련된 직업이 성장하고 이 정보 직업군이 새로운 직업 구조에서 중심적 위치를 차지하게 된다는 것이다. 선진 자본주의 G7 국가들에서 정보 직업군을 포함하는 화이트칼라의 비중이 대체로 늘어나는 추세이기는 하지만, 직업 구조의 구체적인 모습은 국가마다 다르다. 예를 들면 2002년 미국의 관리직 비중은 16.8%인 반면에 일본은 4.1%로 상대적으로 낮은 편이다. 이러한 다양성은 다른 직업에서도 마찬가지로 관찰된다. 미국의 경우가 탈산업사회론자들의 주장과 대체로 잘 들어맞는 것은 그 모형이 미국의 사례를 이론화한 것이기 때문이다. 그러나 각 국가의 직업 구조와 고용 구조는 세계적 생산, 유통, 관리 등의 구조에서 그 국가가 차지하는 위치를 반영하기 때문에 모든 사회가 반드시 동일한 모형으로 변화될 것으로 가정하기는 힘들다.

─ <보 기> ─

ㄱ. 한국의 산업화 과정에서 서비스업 비중이 크게 늘어났다는 사실은 글의 주장을 강화시키지도 약화시키지도 않는다.
ㄴ. G7 국가 중 하나인 캐나다의 직업 구성에서 화이트칼라가 최근 크게 늘어났다는 사실은 글의 주장을 약화시킨다.
ㄷ. 최근 30년간 프랑스와 독일에서 제조업 비중이 비슷하게 감소하였다는 사실은 글의 주장을 약화시킨다.

① ㄱ
② ㄴ
③ ㄱ, ㄷ
④ ㄴ, ㄷ
⑤ ㄱ, ㄴ, ㄷ

※ 다음 글을 읽고 물음에 답하시오. [문 21. ~ 문 22.]

하수도는 사전적으로 '빗물이나 집, 공장, 병원 따위에서 쓰고 버리는 더러운 물이 흘러가도록 만든 설비'로 도시위생과 미관의 측면에서 주요 시설에 해당한다. 따라서 동서양을 막론하고 도시 근대화 과정에서 하수도의 축조는 반드시 중요한 현안이 되었다. 근대 이전에도 하수도에 해당하는 것이 없었던 것은 아니다. 조선의 건국과 더불어 수도로 정해진 서울은 산으로 둘러싸인 도시이면서 '물의 도시'이기도 했다. 서울을 감싼 여러 산에서 흘러내리는 물길은 도성 한가운데로 모여 큰 시내를 이루었다. 도성을 동서로 가로질러 흐르는 청계천과 남북의 지천이 그것이다. 그런데 이 개천의 상당수는 이전부터 존재한 자연 하천이었지만, 조선 건국 초기 배수로로 이용하기 위해 인위적으로 하천 바닥을 파서 물길을 연 인공 하천이기도 했다.

실록에 보면 세종은 여러 신하에게 하천의 기능을 묻는다. 이에 대해 두 명의 답변이 대조적이다. 집현전 수찬 이선로는 "개천의 물에는 더럽고 냄새나는 물건을 버리지 못하도록 금지하여 물이 늘 깨끗하도록 해야 한다"고 답한 반면, 교리 어효첨은 "도읍의 땅에 있어서는 사람들이 번성하게 사는지라 번성하게 살면 냄새나는 것이 쌓이게 되므로 반드시 소통할 개천과 넓은 시내가 그 사이에 종횡으로 트이어 더러운 것을 흘러내려야 도읍이 깨끗하게 된다"고 답하였다. 이에 세종이 "_____(가)_____"고 평함으로써 논쟁을 종결했다. 도성 내 하천의 기능을 하수도로 규정한 것이다. 이렇게 조선 초기부터 청계천을 비롯한 도성 내 하천은 빗물과 더러운 물을 도성 밖으로 배출하는 하수도로 기능했다. 『경국대전』에는 도로변에 소규모 도랑을 설치하고 이를 통해 가호의 오수를 하천으로 흘려보내도록 규정되어 있다.

그런데 조선 후기 들어 도성의 배수 기능은 이상을 보이기 시작했다. 근본 원인은 인구의 급증이었다. 대체로 한양 도성은 20만 명 정도의 인구를 기준으로 설계되었다. 그런데 임진왜란과 병자호란의 양대 전란 이후 도성의 인구는 이를 훨씬 넘어섰다. 그에 따라 하천에 버려지는 오물의 양도 감당할 수 없을 정도로 증가했다. '흘러가지 못한 오물로 인해 _____(나)_____'는 기록에서 알 수 있듯이 배수로의 기능을 전혀 할 수 없는 지경에 이르렀다. 조선 정부는 문제의 심각성을 깨닫고 영조 대에 이르러 물이 잘 흐르도록 개천 바닥을 깊이 파서 쳐내는 준천(濬川) 사업을 시행했다. 공사에 동원한 인력이 연인원 20여만 명, 비용이 약 35,000냥, 쌀 2,300포에 이를 정도의 대공역이었다. 이후에도 준천은 띄엄띄엄 계속되었다. 실록에 보이는 마지막 준천 기록이 1893년인 것을 보아 19세기 말까지도 준천을 계속했음을 알 수 있다. 그러나 준천 사업을 통한 전통적인 열린 하수도를 유지하는 것만으로는 시대의 변화에 대처할 수 없었다. 인구의 지속적 증가는 물론이거니와, 개항 이후 새로운 문물과 지식의 도입, 외국인의 서울 거주 등의 상황을 맞아 하수도는 위생 시설의 하나로서 종국에는 도로 정비와 짝을 이루어 그 지하에 설비되어야 할 것으로 인식되기 시작했다.

문 21. 위 글의 (가)와 (나)에 들어갈 내용을 적절하게 나열한 것은?

① (가): 이선로의 논설이 정직하다.
  (나): 청계천의 바닥이 거의 교량에 닿을 정도였다
② (가): 이선로의 논설이 정직하다.
  (나): 청계천의 물이 모두 메말라 버렸다.
③ (가): 어효첨의 논설이 정직하다.
  (나): 청계천의 물이 모두 메말라 버렸다.
④ (가): 어효첨의 논설이 정직하다.
  (나): 청계천의 바닥이 거의 교량에 닿을 정도였다
⑤ (가): 둘의 논설 모두 적절치 못하다.
  (나): 청계천에 악취가 진동하고 있다.

문 22. 위 글에 대한 분석으로 적절한 것만을 <보기>에서 모두 고르면?

― <보 기> ―

ㄱ. 이선로는 하천의 유지를 목적으로 보고 있는데 반해 어효첨은 하천을 수단으로 보고 있다.
ㄴ. 준천 사업으로는 조선 후기 도성의 배수 문제를 완전히 해결하는 데 한계가 있었다.
ㄷ. 인구의 증가는 19세기 말 하수도를 지하에 위치시켜야 한다는 생각을 하게 만든 결정적인 요인이었다.

① ㄱ
② ㄷ
③ ㄱ, ㄴ
④ ㄴ, ㄷ
⑤ ㄱ, ㄴ, ㄷ

문 23. 다음 글에서 추론할 수 없는 것은?

해일 우려로 인해 재난안전관리본부가 마련한 대책은 다음과 같다. 먼저 해일 경보가 내린 지역을 주의, 경계, 심각의 세 유형으로 구분한다. 그리고 지역별로 지진이 동반 발생했는지에 따라 대피장소를 안내하고 대피 시 지켜야 할 규정을 준수하도록 한다.

<표> 경보단계와 해일 발생에 따른 대피 안내

경보단계	대피장소	지진 동반 여부	세부 내용
심각 지역	실내 구호소	○	내진설계 적용 필수
		×	내진설계 적용 권장
경계 지역	옥외 대피소	○	10층 미만 건물
		×	10층 이상도 가능
주의 지역	자택	무관	가급적 책상 밑에 있을 것

모든 지역에 공통으로 적용되는 대피 규정은 다음과 같다. 첫째, 해일 경보가 내린 지역은 TV나 라디오를 통한 기상 상황이나 해일 경보를 주의 깊게 듣고 대피장소 및 대피 방법을 미리 알아둬야 한다. 둘째, 공사 중인 현장에서는 작업을 모두 중지하여야 하고 파손될 우려가 있는 기자재들은 안전한 곳으로 이동시켜야 한다. 셋째, 모든 건물에서 엘리베이터 사용이 금지된다.

대피장소 및 경보단계에 따라 달리 적용되는 대피 규정은 다음과 같다. 첫째, 실내 구호소에서는 현장의 소방서장 지시가 가장 우선시 된다. 둘째, 경계 지역과 심각 지역의 경우 공사 중인 현장에 대한 즉각 실력행사가 가능하다. 셋째, 자택에서 대기할 때도 언제든지 대피소나 구호소로 대피 명령이 나올 수 있다.

① 심각 지역의 공사 현장에서 작업 중지가 이뤄지지 않았다면 실력행사가 가능하다.
② 경계 지역에서 지진이 동반된 해일이 발생하는 경우 11층에 있는 옥외 대피소로는 대피할 수 없다.
③ 주의 지역이라도 옥외 대피소로 대피하는 경우가 있다.
④ 심각 지역의 대피장소에서 소방서장이 구체적 대피방법을 지시한다면 이에 따라야 한다.
⑤ 경계 지역에서 지진이 동반되지 않은 해일이 발생한다면 옥외 대피소로 이동할 때는 엘리베이터를 사용할 수 있다.

문 24. 다음 대화의 빈칸에 들어갈 내용으로 가장 적절한 것은?

갑: 안녕하십니까. 저는 △△시 ○○구청 자치행정과에서 근무하고 있습니다. 자치회 위원에게 해촉 사유가 발생했을 때에는 위원을 해촉해야 한다고 들었습니다. 해촉 사유에는 어떤 것이 있나요?
을: 위원의 위촉 자격을 상실했을 때, 둘 이상의 주민자치회 위원으로 위촉됐을 때, 기타 개인 사정으로 사임했을 때, 금고 이상의 형을 선고받고 그 형이 실효되지 않은 경우, 정치적 중립 의무를 위반하거나 선거운동을 한 경우, 권한남용 금지 의무를 위반한 경우, 사익추구 금지 의무를 위반한 경우, 그 밖의 위원으로서 적합하지 않다고 인정되는 경우에 해당하면 해촉해야 합니다.
갑: 각 해촉 사유에 따라 해촉 절차가 달라지지요?
을: 네. 말씀드린 해촉 사유 8가지 중 앞부분의 5가지 사유에 해당하는 경우, 구청장에게 해촉 요구를 통보한 날 해촉된 것으로 보게 됩니다. 뒷부분의 3가지 사유에 해당하는 경우에는 해당 주민자치회 재적위원 과반수가 참석한 회의에서 참석위원 2/3 이상의 해촉 찬성이 의결되고 구청장에게 해촉 요구를 통보하며 의결된 날을 해촉일로 봅니다.
갑: 실은, 우리 구 주민자치회 A위원이 음주 운전으로 사고를 유발하여 재판을 받게 되었는데, 며칠 전 징역 6개월 집행유예 2년의 형을 선고받았다고 합니다. 이는 해촉 사유에 해당한다고 설명해 드렸더니, 타의에 의해 해촉되는 것보다 개인 사정으로 사임을 하는 것으로 처리해 달라고 하셨습니다. 이런 경우 해촉 사유에 따라 해촉 절차가 어떻게 달라지나요?
을: 그렇군요. 말씀하신 것을 바탕으로 설명드리겠습니다.
_____

① 금고 이상의 형을 선고받은 경우에는 임의로 사임하는 것이 불가능합니다.
② 개인 사정으로 사임하는 경우 자치회 재적위원 과반수가 참석한 회의에서 참석위원 2/3 이상의 해촉 찬성 의결을 확정해야 해촉할 수 있습니다.
③ 금고 이상의 형을 선고받았다면 그 즉시 해촉되며 해촉일은 선고받은 날을 기준으로 합니다.
④ 주민자치회 회의 의결이 필요 없는 해촉 사유에 해당하는 경우이므로 구청장이 해촉 승인을 하고 통보한 날 해촉된 것으로 봅니다.
⑤ 금고 이상의 형 선고 또는 개인 사정 사임에 따른 해촉은 모두 주민자치회의 의결 없이 구청장에게 해촉 요구를 통보하며 해촉 요구를 통보한 날 해촉되는 것입니다.

문 25. 다음 글의 ㉠과 ㉡에 대한 설명으로 적절한 것만을 <보기>에서 모두 고르면?

언어, 신념, 규범, 제도 및 기술을 포함하여 사회적으로 전달되는 정보로 구성된 문화는 사람들이 주어진 환경에서 생존하고 적응하는 방법에 큰 영향을 미친다. 이렇게 문화적 환경 선택에 의하여 이루어지는 진화는 여러 면에서 유전적 진화와 다른 특성들을 갖는다. 예를 들어, ㉠ 유전적 진화는 후세에게 유전적 모델을 수직적이고 비전략적으로 전달하는 방식을 취하지만, ㉡ 문화적 진화는 대개 전략적인 사회적 학습을 통해 문화적 모델을 후세에게 전달하는 방식을 취한다. 더욱이 유전적 변이는 기본적으로 무작위로 일어나지만, 문화적 변이는 의도적 혁신에 의해 창조된다. 또한 문화적 진화는 유전적 진화에 비해 훨씬 빠르게 이뤄지기도 한다. 이러한 속도의 차이가 나는 이유는 세대 간 문화적 전달의 시간이 유전적 전달의 시간보다 훨씬 더 짧기 때문이다. 인간의 경우 부모의 출생과 자손의 출생 사이의 평균 시간인 유전적 전달의 단위 시간은 대략 20년에서 30년 사이의 범위인 반면, 정보를 학습하고 전달하는 문화적 전달 시간은 짧게는 초 단위로도 일어난다. 따라서 문화적 진화가 어떤 의미에서는 유전자 진화보다 더 큰 잠재적 영향력이 있다고 볼 수 있다.

그런데 문화의 전달과 변화의 과정은 다윈의 자연선택론 관점에서 보아도 자연선택의 과정과 매우 유사해 보인다. 전달과 혁신을 통해서 선택되는 문화적 특징은 개념적으로 전달과 변이를 통해서 선택되는 유전적 자연선택 과정과 닮은 점이 있기 때문이다. 그러나 자세히 들여다보면 유전적 전달과 문화적 전달은 상당한 차이가 있다. 유전적 전달은 수직적으로 이루어지지만, 문화적 전달은 수직적 전달 외에도 수평적으로도 이루어진다. 어떤 아동들은 부모뿐만이 아니라 또래 친구 등으로부터 문화적 특성을 습득하기도 하며, 이로 인해 특성을 습득할 가능성이 더 커진다.

─── <보 기> ───
ㄱ. 유전자 조작을 통해서 특정 목적을 위한 유전적 변이가 발생할 수 있다면 ㉠의 비전략성에 대한 글의 주장은 강화되지 않는다.
ㄴ. 강압적인 일부 문화권에서는 문화의 수직적 전달 속도가 유전적 전달 속도보다 빠르다면 ㉠과 ㉡의 속도 차이에 대한 글의 주장은 약화된다.
ㄷ. 다윈의 자연선택론은 진화의 방식에 있어서 ㉡과 차이점이 있다.

① ㄱ
② ㄴ
③ ㄱ, ㄷ
④ ㄴ, ㄷ
⑤ ㄱ, ㄴ, ㄷ

공단기
7급 PSAT
필수 모의고사

언어논리

해설편

제1회

01	⑤	02	④	03	⑤	04	④	05	⑤
06	④	07	③	08	④	09	③	10	④
11	⑤	12	④	13	③	14	④	15	④
16	①	17	⑤	18	④	19	④	20	②
21	⑤	22	①	23	④	24	④	25	⑤

문 1.

해설 정답 ⑤

① (×) 삼국유사와 제왕운기는 삼국사기보다 늦게 작성되었지만 사료적 가치는 더 낮은 것으로 평가된다. 따라서 늦게 작성되었다고 사료적 가치가 높은 것이 아니다.
② (×) 삼국사기에는 고조선과 단군이 언급조차 되지 않았다. 따라서 삼국사기에 고조선 건국자가 기록되었다고 할 수 없다.
③ (×) 제왕운기에 따르면 기자는 고조선이 멸망하고 단군이 아사달산에 들어가 신이 된 다음 164년 후에 나타나 후조선을 건국하였다.
④ (×) 삼국유사와 제왕운기 모두에서 단군의 마지막 행적을 아사달에서 산신이 되었다고 표현하고 있다.
⑤ (○) 삼국유사에서는 요임금이 즉위한 지 50년이 되는 해인 경인년에 나라를 세웠다고 나와 있고, 제왕운기에서는 요임금이 일어난 시기와 같은 해인 무진년에 나라를 세웠다고 서술되어 있다.

문 2.

해설 정답 ④

① (×) 격언은 빈부귀천이나 남녀노소를 가리지 않고 민족 구성원 전체가 작자와 향유자로 참여하였다.
② (×) 격언은 사회구성원들에게 올바른 국가관과 윤리관을 심어주는 기본이 되었다.
③ (×) 조선위생풍습록은 일제강점기 당시 조선사회에 광범위하게 퍼져 있는 위생과 관련된 격언을 주제별 및 지역별로 조사 수집한 내용을 기록한 것이다.
④ (○) 더러운 곳보다는 깨끗한 곳이 낫다는 것은 청결을 강조하는 기거 금기에 해당한다.
⑤ (×) 좋은 약보다 독방의 중요성을 강조하고 있을 뿐, 잘못된 의약 처방 등에 대한 격언이 아니므로 의약 금기에 해당한다고 할 수 없다.

문 3.

해설 정답 ⑤

① (×) 인공지능도 사고책임에서 자유로울 수 없다는 것은 하나의 현상에 대한 판단이지만, 글 전체의 핵심 논지가 되기는 어렵다.
② (×) 동물에 대한 것은 하나의 예시로 나온 것일 뿐 글의 핵심은 인공지능에 관한 것이다.
③ (×) 글을 전개해 나가는 과정에서 하나의 이유를 제시하는 것으로, 글 전체의 논지라고 볼 수는 없다.
④ (×) 자율주행차의 상용화는 글의 주장을 지지하기 위한 하나의 예로 사용된 것이다.
⑤ (○) 글의 핵심 논지는 이제 인공지능에 대해 인격 주체성을 부여할 필요가 생겼으니 이를 인정하는 것이 바람직하다는 것이다.

문 4.

해설 정답 ④

① (×) 2050년에 생산 기술은 더 좋아지겠지만 글에서처럼 생산에 있어 여러 제약조건이 붙고, 기후변화로 생산 환경도 악화될 것이기 때문에 생산량을 증가시키기가 현재보다 쉬울 것이라고 장담할 수는 없다.
② (×) 2문단에 따르면, 식량 생산을 늘리기 위해서 더 많은 농경지가 필요하지만은 않다고 서술하고 있다.
③ (×) 글쓴이는 비료나 농기계 개발 등 농업 생산성을 높이기 위한 전통적 방법뿐만 아니라 자원 사용 기술의 최적화 방안도 같이 추구해야 한다고 주장한다.
④ (○) 농경지 확보를 위해 열대우림 지역을 개발하려는 움직임에 대해, 글쓴이는 그러한 개발보다 숲을 복원하여 지구의 기후를 안정시키는 것이 세계의 식량 안보에 더 도움이 된다고 주장한다.
⑤ (×) 음식물 저장 및 운송 시스템의 혁신은 가난한 나라에 필요하다. 선진국에서는 남은 음식물을 줄이는 방안 및 이의 재활용 방안을 고민해야 한다.

문 5.

해설 정답 ⑤

① (○) 정치는 정책을 관리하는 행위이고 이는 곧 권력을 수반한다. 그리고 정책의 배타성은 그 정책을 추진하는 정치 세력의 배타성으로 이어진다. 따라서 정치 권력과 정책 모두 배타성을 가지고 있다고 할 수 있다.
② (○) 정책의 운영은 권력을 수반한다고 했으므로 권력이 수반되지 않은 정책은 제대로 운영된다고 보기 어렵다.
③ (○) 자의적으로 만들어진 제도라도 형식적이나마 합의의 과정 등의 절차를 밟아 성립된다.

④ (○) 역사에 따르면 자의성에 비례하여 제도의 수명이 짧기 때문에 제도의 수명을 늘리려면 자의성을 최대한 줄여야 한다.
⑤ (×) 제도의 구현은 제도를 실행하는 정착 과정인데, 제도를 둘러싼 모든 주체들이 동의를 했다고 해서 그 제도의 실행이 자동적으로 보장되는 것은 아니다.

문 6.

해설   정답 ④

① (×) 이슬람 문화의 발전에는 서방에서 종교탄압을 피해 들어온 고전학자들이 큰 역할을 했으며, 중국과 인도 등 이웃 나라로부터도 문화적 양분을 흡수하였다.
② (×) 성훈에 선례가 없다면 법률학자가 의견일치를 보아 판결하였다.
③ (×) 코란은 지나치게 간략해서 이를 무슬림의 생활과 행동거지를 절제하는 구체적인 규율로 삼기는 어렵다.
④ (○) 이슬람의 성률은 생활, 행동거지, 거주, 음식의 절제와 같은 개인의 사적 영역에 대해서도 규율한다.
⑤ (×) 이슬람 과학이 종교적 폐쇄성에 따른 신앙적 핍박으로 단명했다는 것은 사실이 아니다.

문 7.

해설   정답 ③

① (×) 수동적 요소가 능동적 요소에 내재하고 있다는 것이 아니라 대응 관계가 성립되어 있다는 것이다.
② (×) 원소와 원자 개념을 인식하는 것과 무관하게 원자량은 필연적으로 정해진다.
③ (○) 두 원소 간의 질량비 비율은 인식과 상관없이 필연적으로 정해지는 것이므로 수동적 지식 요소에 해당한다.
④ (×) 개념은 즉각적으로 완전한 내용으로 구성되는 것이 아니고, 지식 영역이 발전할수록, 능동적 부분과 수동적 부분으로 더 많이 나누어진다. 이런 내용을 볼 때 지식 영역이 확장되기 전에 개념은 능동적 부분과 수동적 부분이 분리되지 않고 결합되어 있음을 나타낸다는 설명이 적절하다.
⑤ (×) 지식의 능동적 부분과 이에 필연적으로 대응하는 수동적 부분의 수가 늘어날수록 이렇게 정해지는 관계 역시 늘어나기 때문에 논할 부분은 점점 없어지게 된다. 그러나 과학적 지식에 관한 확정적인 사실을 밝혀야 하는 분석 과정의 특성상, 이러한 불평은 과학적 사실 분석 과정에는 적용되기 어렵다.

문 8.

해설   정답 ④

ㄱ. (×) 주민자치회 조례와 관련된 의견을 제시한 것은 을이다. 을은 광역 차원에서 통일된 주민자치회 조례 표준안을 제정해야 한다고 했다. 그런데 자율적인 주민자치회 조례를 사용하고 있지 않은 자치구의 수는 이러한 내용을 확인하는 데 필요한 자료가 아니다. 더구나 A시의 사례를 든 것은 을이 아니라 병이므로 을의 의견을 확인하는 데 우리 시의 자료가 아닌 A시의 자료를 가져올 필요는 없다.
ㄴ. (○) A시의 사례를 들어 주민자치회 홍보의 필요성을 주장한 병의 의견을 확인하기 위해 필요한 자료이다.
ㄷ. (○) B동의 사업 예산 축소 사례를 들며, 마을 사업 제안서의 예산에서 예산 지원 규정을 명백히 위반한 부분만 삭감한다면, 주민자치회가 제안한 사업 예산의 대부분을 지원할 수 있을 것이라는 정의 의견을 확인하기 위해 필요한 자료이다.

문 9.

해설   정답 ③

(가) 뒷 문장에 운동의 방향은 운동의 크기에 아무런 영향을 주지 않으며, 영혼의 작용에도 불구하고 우주 운동량의 총합은 일정하다는 문장이 이어지므로, 앞에는 영혼이 작용하는 경우 운동의 방향은 변화하는데, 그것은 운동의 크기에 아무런 영향을 주지 않는다는 내용이 오는 것이 적절하다.
(나) 글의 논지에 따르면 실제로 비어 있는 공간은 논리적으로 성립할 수 없으며, 그곳은 실제로 비어 있는 것이 아닌, 사실은 물질로 채워져 있다는 내용이 이어지고 있으므로 '빈 것처럼 보이는 공간'을 배치하는 것이 가장 적절하다.

문 10.

해설   정답 ④

해당 연구실은 사회과학 대학이고 작년 신청 요건은 모두 갖추고 있으므로 변경된 기준이나 속한 단과대학은 더 이상 확인할 필요 없다. 작년에 미흡 판정을 받았다면 신청할 수 없기 때문에 미흡 판정 여부가 중요하다. 그리고 미흡 판정을 받더라도 프로젝트 기안서 수정하여 개선되면 신청할 수 있기 때문에 기안서 재평가 신청을 했는지, 했다면 중 이상 평가를 받았는지가 중요하다. 상이나 중 평가를 받거나 심사 진행 중이라면 신청할 수 있기 때문에 신청할 수 없는 경우는 하를 받은 경우뿐이다. 따라서 하 평가를 받은 건 중 해당 대학이 있는지 확인하면 된다.

문 11.

해설 　　　　　　　　　　　　　　　　　정답 ③

① (○) 이바노프스키는 바이러스가 작용하면서 담뱃잎이 모자이크 모양의 반점으로 말라 죽는 것을 발견하였지만, 그것의 원인은 세균이 만들어낸 독소라고 생각했다.

② (○) 코흐의 세 번째 공리에 따르면 배양한 세균을 건강한 개체에 접종하면 동일한 병을 일으켜야 한다. 이 조건을 충족하지 못했다면 그것이 질병의 원인균이라고 말할 수 없다.

③ (×) 코흐의 네 번째 공리에 따르면 동일한 질병에 걸린 개체에서 순수분리한 병원균은 원래 분리한 균과 동일해야 한다. 변이를 일으킨 병원균은 원래의 균과 동일하지 않아 코흐의 공리를 충족하지 못하므로 그것을 질병의 원인균이라고 말할 수 없다.

④ (○) 바이러스는 광학현미경으로는 관찰할 수 없으므로 광학현미경으로 관찰되었다면 그것은 바이러스가 아니다.

⑤ (○) 사람들이 바이러스의 존재를 각인하게 된 것은 바이러스의 존재가 발견된 이후 인간의 질병이 발생하고 나서였다.

문 12.

해설 　　　　　　　　　　　　　　　　　정답 ④

ㄱ. (×) A의 주장은 의학 처방이 대개는 처방자의 생각대로 되지만 전혀 예측할 수 없는 예외들이 도사리고 있기 때문에 의학은 과학과 달리 불확실성의 학문이라는 것이다. 따라서 이 주장을 강화하기 위해서는 서로 다른 결과가 나타나는 사례를 들어야 하는데, 실험대상 모두가 동일한 반응을 보였다는 실험결과는 이에 해당한다고 보기 어렵다.

ㄴ. (○) C의 주장은 인간이 지닌 세계관에 따라 건강과 질병을 느끼는 조건이 달라질 수 있다는 것이다. 따라서 더 정확한 진단을 위해 환자의 신체에 대한 물리적 진단 전 환자의 생각을 알아보는 조사를 해야 한다는 주장에는 C의 주장이 그 근거가 될 수 있다.

ㄷ. (○) B는 의학이 환자의 심리적·사회적·영적 상태도 고려할 수 있어야 한다고 주장하고, C는 환자의 세계관 등에 대한 철학적 차원에서의 접근도 필요하다고 주장하므로, 모두 의학이 인간의 심리적·내면적 특성까지 다뤄야 한다고 주장한다는 점에서 공통적이다.

문 13.

해설 　　　　　　　　　　　　　　　　　정답 ③

① (○) 경증환자는 신원 파악 여부와 상관없이 모두 인근 일반병원으로 이송한다.

② (○) 경증환자가 이송되는 인근 일반병원의 경우에는 병원장의 지시에 우선적으로 따라야 하고 병원 안내에 따라 세부 장소가 결정된다. 따라서 병원장의 지시에 따라 환자의 구체적 이송장소가 결정될 수 있다.

③ (×) 외상을 입지 않은 중증환자는 권역응급의료센터의 응급실로 이송되어야 하는데, 중증환자가 이송되는 권역응급의료센터로의 이송에는 이동식 침대를 의무적으로 사용해야 한다.

④ (○) 외상을 입은 중증환자는 어떤 예외도 없이 권역외상센터로 이송된다.

⑤ (○) 신원이 확인된 사망자는 영안실로 이송되는데 이동식 침대의 이용이 권장되지만 의무인 것은 아니므로 들것으로 이송하였다고 해서 문제될 일은 없다.

문 14.

해설 　　　　　　　　　　　　　　　　　정답 ④

떡볶이(A), 순대(B), 튀김(C), 김밥(D), 어묵(E)에 대한 조건을 정리하면 다음과 같다.

갑: ~B → ~D, ~C → B
을: ~D → A and C, E → ~B
정: C → ~A

위 조건의 대우를 정리해보면,

◎ D → B, ~B → C
◎ ~A or ~C → D, B → ~E
◎ A → ~C

위 조건에 따르면 ~D → A and C이고, C → ~A이므로 ~D가 참일 경우 A와 ~A가 동시에 참이어야 하는 모순이 발생한다. 즉 D를 주문하지 않으면 모순이므로 김밥(D)은 반드시 주문한다.

D가 반드시 참일 경우
 D → B이므로 순대도 반드시 주문한다.
 B → ~E이므로 순대를 주문하면 어묵은 주문하지 않는다.
따라서 순대와 김밥은 반드시 포함되고, 어묵은 포함되어서는 안 된다. 그리고 C → ~A이므로 떡볶이와 튀김을 동시에 주문해서는 안 된다.

선택지 중에서 어묵이 포함되지 않고, 떡볶이와 튀김이 동시에 포함되지 않고 순대와 김밥이 반드시 포함된다는 위 조건에 어긋나지 않는 음식의 조합은 순대, 김밥, 튀김이다.

문 15.

정답 ④

조건에서 가능한 경우를 정리해보면 다음과 같다.
◎ 부산 → 통영 … ㉠
  ⇒ ~통영 → ~부산
◎ ~부산 → ~울산∧~포항 … ㉡
  ⇒ ~(~울산∧~포항) → 부산
  ⇒ 울산∨포항 → 부산
◎ 목포 → 전주∨~부산 … ㉢
  ⇒ ~(전주∨~부산) → ~목포
  ⇒ ~전주∧부산 → ~목포
◎ ~울산 → 부산∧~전주 … ㉣
  ⇒ ~(부산∧~전주) → 울산
  ⇒ ~부산∨전주 → 울산

ㄱ. (✕) 통영에 가는 경우의 결괏값은 위 조합만으로 도출할 수 없다.
ㄴ. (○) ㉢에 따르면 전주에 가지 않고 부산에 가면 목포에 갈 수 없다. 따라서 부산과 목포에 가기 위해서는 전주에 가야 한다.
ㄷ. (✕) 목포에 가면 전주에 가거나 부산에 안 가는데(㉢), 전주에 갔다면 울산에도 간다(㉣).
ㄹ. (○) 포항에 가면 부산에도 간다(㉡), 부산에 가면 통영에 간다(㉠).

문 16.

정답 ①

ㄱ. (○) A가 선발되면 E는 선발되지 않는다. 3명 이상 선발되어야 하므로 B, C, D 중 2명 이상이 선발되어야 한다. 2번 조건에 의해 D가 선발되지 않으면 B도 선발되지 않고 3번 조건에 의해 C도 선발되지 않는다. 따라서 B, C, D 중 두 명 이상이 선발되려면 반드시 D가 선발되어야 함을 알 수 있다.
ㄴ. (✕) 4명이 선발된다는 것은 한 명만 선발되지 않는다는 것이다. B나 C, D 중 한 명을 빼면 A가 참여한다는 것이기 때문에 E도 반드시 빠지게 된다. 따라서 성립할 수 없으며 A나 E가 빠지는 경우에만 4명을 선발할 수 있다. 4명이 선발되는 경우는 A, B, C, D 또는 B, C, D, E로 두 가지 경우만 있다.
ㄷ. (✕) 3명이 선발되는 경우, C, D, E가 선발될 수 있다. 즉 C와 E가 함께 선발되는 반례가 존재하므로 반드시 참이라 할 수 없다.

문 17.

정답 ⑤

ㄱ. (○) 1문단에 따르면, 돼지풀 바이오매스는 이산화탄소 농도에 영향을 받아서 이산화탄소 농도가 높을 때 더 효율적으로 작용한다. 대기 중의 이산화탄소 농도가 올라가면 돼지풀은 더 많은 돼지풀 바이오매스를 만들어낸다.
ㄴ. (○) 오존은 이산화탄소와는 관계가 없으므로 돼지풀의 꽃가루 양에는 영향을 미치지 않지만, 꽃가루 벽의 단백질을 변형시켜 꽃가루당 알레르기 함유량을 높이는 질적 변화를 만들어낸다.
ㄷ. (○) 이산화탄소 농도가 올라가면 더 많은 돼지풀 바이오매스가 만들어지면서 꽃가루 양도 늘어나고, 기온의 상승으로 돼지풀이 꽃가루를 뿜는 기간도 늘어난다.

문 18.

정답 ④

① (○) 2문단에 따르면 빛이 중첩될 때 위상 차이에 따라 진폭이 커지거나 작아지는 현상을 간섭이라고 한다. 1문단에 따르면 빛의 간섭을 통해 빛이 파동이라는 성질을 가졌다는 것을 밝혀냈기 때문에 옳은 선지이다.
② (○) 2문단에 따르면 위상이 어긋나는 파동이 만나면 마루와 골이 없어진다. 따라서 마루와 골이 없어진다는 것은 중심으로부터 마루까지의 거리인 진폭이 커진다고 할 수 없다.
③ (○) 3문단에 따르면 맥놀이는 소리가 중첩될 때 간섭에 의해 소리가 커졌다가 작아졌다 하는 현상이다. 빛의 보강 간섭과 상쇄 간섭이 번갈아 발생하는 현상 설명 후 소리에서도 같은 현상이 발생한다고 하였으므로, 맥놀이는 소리에서 나타나는 보강 간섭과 상쇄 간섭이 번갈아 나타나는 현상이라고 할 수 있다.
④ (✕) 4문단에 따르면 빛의 보강 간섭과 상쇄 간섭에 의해 빛이 다양한 색을 띠게 된다. 보강 간섭과 상쇄 간섭은 빛의 진폭에 영향을 미친다. 골과 골 사이는 진폭이 아닌 파장을 의미하기 때문에 옳지 않은 선지이다.
⑤ (○) 4문단에 따르면 요철과 요철 사이의 틈 때문에 빛이 휘어져 나가고, 이것이 보강 간섭과 상쇄 간섭을 일으켜 무지개색 무늬를 만든다.

문 19.

정답 ④

① (✕) 2문단에서 레벤후크는 자웅동체로 암수 기관을 모두 갖는다고 주장하였지만 3문단에서 진딧물이 암컷의 기관만으로 번식함을 보여준다고 하였으므로 수컷 없는 번식이 반드시 자웅동체임을 확정 짓는 것은 아니다.
② (✕) 2문단에서 레벤후크는 진딧물이 자웅동체로 암수의 기관을 모두 갖는다고 보았으므로 하나의 성을 가진다고 보았다고 할 수 없다.

③ (×) 진딧물이 암컷만으로 번식할 수 있다고 해서 이를 모든 유충으로 태어나는 곤충에 확대 적용할 수 없다.
④ (○) 1문단에서 새로운 발견이 생리학의 기계론적 설명에 한계를 가짐을 보여줬음을 알 수 있다. 새로운 발견은 진딧물의 처녀생식을 의미함을 이후 문단에서 알 수 있으며, 기계론적 설명이 생물과 무생물의 구조가 동일하다는 가정에 근거한 이론임으로 옳은 선지가 된다.
⑤ (×) 마지막 문단에 따르면 난자 중심 이론에서는 수컷은 이미 형성된 배아에 영향을 주지 못한다. 정액은 성장의 촉발에만 영향을 줄 뿐 배아 형성에는 영향을 주지 못한다.

문 20.

해설 정답 ②

ㄱ. (×) 이론값과 실험값이 완벽하게 일치하는 경우는 ㉠이 추구하는 과학의 목적과 일치하므로 ㉠의 주장은 강화된다. 그러나 ㉡은 이론과 실험 사이의 일치는 과학의 목적이 아니라 적합한 이론적 모델이 살아남는 과정에 불과하다고 본다. 즉, ㉡은 이러한 일치의 의미를 ㉠과 다르게 볼 뿐, 이러한 일치가 불가능하다고 주장한 것은 아니므로 ㉡의 주장은 강화되거나 약화되지 않는다.
ㄴ. (○) 연구자의 주관이 개입하여 실험 결과가 달라진다는 것은 사회적 요소가 과학에 영향을 미친 것이다. ㉠은 이러한 사회적 요소의 개입에 대해 언급하지 않으므로 이를 통해 ㉠의 주장은 강화되지 않는다. 반면에 과학이 지식의 형태로 정리되는 과정에 여러 사회적 요소가 영향을 미친다는 ㉡의 주장은 이를 통해 강화된다.
ㄷ. (×) ㉠과 ㉡ 모두 과학의 본질적인 의미에 대해 다르게 생각할 뿐, 과학이 실재를 정확하게 반영할 수 있다는 사실 자체를 부정하거나 과학이 실재를 정확하게 반영하지 않아야 한다고 주장하지는 않는다. 따라서 ㉠과 ㉡의 주장은 모두 반박되지 않는다.

문 21.

해설 정답 ⑤

(가) 빈칸의 앞 문장은 비교적 강한 논증은 전제가 참이면 보통 결론 역시 참이 됨을 설명한다. '그렇지만'이라는 접속사를 통해 반대되는 예시가 나올 것을 알 수 있으며, 빈칸 뒤의 사례를 통해 아스피린을 먹더라도 두통이 나아지지 않는 경우가 있음을 보여주기 때문에 강한 논증이라도 결론(두통이 완화됨)이 거짓일 수 있다는 내용이 들어가야 한다.

(나) 빈칸 앞에서는 연역 논증은 형식에 의해 타당성이 결정됨을 보여준다. 빈칸에는 이와 대비되는 귀납 논증의 특성을 보여야 하므로 귀납 논증은 형식이 논증 강도를 결정짓지 못한다는 내용이 들어가야 한다. 빈칸의 뒷 문장 역시 형식이 같더라도 논증의 강도는 다르다는 내용을 통해 빈칸을 부연하고 있다.

문 22.

해설 정답 ①

ㄱ. (○) 1문단에 따르면 결론이 그럴듯하게 도출되는지에 따라 논증의 강도가 결정된다. 또한 4문단에서 철수가 알레르기가 있는 경우 결론이 거짓이 될 수 있다는 내용이 나오므로, (a)에 알레르기가 있다는 전제가 추가되면 두통이 완화된다는 결론이 도출되기 어려워짐을 알 수 있다. 따라서 이러한 전제가 추가되면 논증이 약화된다.
ㄴ. (×) 빨간 볼펜이 논리적 사고를 지배하는 호르몬을 많이 분비시키면 빨간 볼펜을 사용할 경우 논리학에서 좋은 학점을 받게 될 가능성이 커진다. 따라서 논증은 강화되는 것이지 약화되는 것이 아니다.
ㄷ. (×) 마지막 문단에서 귀납 논증에 대한 전문지식 여부가 논증의 강도를 달리 할 수 있음을 보여주고 있지만 보기는 연역 논증에 관한 것이기 때문에 옳지 않은 보기이다.

문 23.

해설 정답 ④

ㄱ. (×) 올해 결핵 사망자는 전년도 1,360명에서 5% 증가하였다고 제시되어 있으므로 1,360명보다 많아야 한다. 따라서 올해 결핵 사망자 수를 1,292명으로 수정하는 것은 적절하지 않다.
ㄴ. (○) 생활안전 분야(익사·익수, 유독성 물질 중독·노출, 추락) 사망자는 전년 대비 0.03% 감소하여 총 3,424명이므로 수정하는 것이 적절하다.
ㄷ. (○) 교통사고 사망 유형 5개 중 차 대 차 유형의 사망자 수는 명확히 제시되어 있지 않고 나머지 다른 유형의 정보도 없어서 추론할 수 없다. 따라서 정확한 사망자 수를 알지 못하는 차 대 차 항목은 현황 작성에서 빠져야 한다.

문 24.

|해설| 정답 ④

갑은 집행유예자인 경우이므로 '금고 이상의 형을 선고받고 그 집행유예 기간이 끝난 날로부터 2년이 지나지 아니한 자'라는 입사 지원 결격 사유에 해당하는지를 따져보아야 한다. 즉 갑이 집행유예 기간이 끝난 후 2년이 지났는지를 알아야 한다. 따라서 갑이 자격요건 충족 여부를 알기 위해 확인해야 할 것은 집행유예 기간이 끝난 날과 2년 계산의 기준점이 되는 채용 공고문 게시일이다.

문 25.

|해설| 정답 ⑤

국회는 예측할 수 없는 위기 상황에 대비하기 위해, 법의 기본 취지는 살린 채로 법을 개정했다.

①, ② (×) 법의 기본 취지를 살리기 위해서는 외국인을 대상으로 한다는 것에 변경을 주어서는 안 된다. '외국인 등'이나, '외국인 및 내국인'의 경우에는 유사숙박업과 차이점을 발견하기 어렵기 때문이다.

③ (×) 1)과 2)는 주택의 종류에 관한 요건이지 이를 이용하는 대상에 대한 요건이 아니다. 3)을 추가하고 갑의 숙박업소가 이에 해당하는 주택이더라도 내국인에게 숙식을 제공할 수 없는 것은 달라지지 않는다.

④ (×) 농어촌민박업에 대한 적용 제외 규정이 사라진다면 차별의 문제는 없어지겠지만 그렇다고 갑이 내국인 대상으로 영업을 할 수 있게 되는 것은 아니므로 적합하지 않다.

⑤ (○) 본문의 끝단에 공적 기관으로부터 예외적 사정에 대한 인정을 받는 경우에는 내국인을 상대로도 영업이 가능하다는 예외 규정을 두는 것이 가장 적절하다.

공단기 7급 PSAT 필수 모의고사 제2회 — 언어논리영역

제2회

01	③	02	①	03	②	04	①	05	⑤
06	②	07	⑤	08	⑤	09	①	10	②
11	①	12	④	13	③	14	①	15	②
16	⑤	17	⑤	18	①	19	②	20	④
21	①	22	⑤	23	③	24	①	25	①

문 1.

해설　　　　　　　　　　　　　　　　　　　　　　**정답 ③**

① (○) 백제 패망 전설들은 의자왕의 실책과 충신들의 애국심을 선명하게 대조적으로 묘사한다. 여기서 의자왕은 실제 이하로 부족하게 묘사되고, 충신들은 실제 이상으로 과장되고 있다.

② (○) 백제 충신들을 실제 이상으로 과장하는 것은 이들의 언행과 행동을 통해 잘못된 점을 정확히 짚고 이를 깊이 반성하자는 뜻을 담고 있다.

③ (×) 백제 패망 전설들은 역사의 주체를 인물로 귀착시키고 있고, 낭만주의적 역사관도 인물의 가능성에 바탕을 두고 있다. 따라서 인물에 집중해서 서술이 이루어진다는 점은 백제 패망 전설들과 낭만주의적 역사관의 차이점이라 할 수 없다.

④ (○) 상민들이 지닌 역사관은 낭만주의적 역사관으로 나라의 위기를 구해낼 영웅의 가능성에 대한 무한 신뢰를 바탕으로 한다.

⑤ (○) 계백이 실제 모습보다 비범한 인물로 과장되어 묘사되고 의자왕의 실책이 과장되어 묘사되는 것은 상호 대립적이면서도 상호보완적인 구조를 만들어 설득력 있는 교훈을 확보하는 데 도움을 준다.

문 2.

해설　　　　　　　　　　　　　　　　　　　　　　**정답 ①**

① (○) 반가사유상은 존엄하고 숭고한 신성과 친밀한 인간미가 어우러져 하나의 작품으로 빚어진 종교적 예술품이다.

② (×) 반가사유상은 처음에는 태자사유상으로 제작되었으나 미륵신앙이 유행하면서 미륵보살 개념으로 발전했다.

③ (×) 반가사유상은 대개 주된 불상에 종속되거나 부분적인 존재에 불과했으며, 백제에서 독립적인 조형성을 획득한 것은 예외적인 경우라고 볼 수 있다. 국보 78호 반가사유상이 삼국 중 어디에서 만들어진 것인지는 글에 제시되어 있지 않고, 실제로도 밝혀지지 않은 사실이다.

④ (×) 국보 78호 반가사유상의 내부는 흙으로 채워져 있다.

⑤ (×) 일월식 보관은 우리나라, 중국, 일본에 모두 나타나지만, 리본은 알 수 없다.

문 3.

해설　　　　　　　　　　　　　　　　　　　　　　**정답 ②**

① (×) 집단 양극화 법칙의 설명 중 하나일 뿐, 2문단의 내용을 배제하고 있으므로 글 전체의 논지라고는 볼 수 없다.

② (○) 사람들의 집단 순응 사고가 발현될 기회를 언제나 제공해주는 소셜미디어로 인해 더 극단적인 정치인들이 만들어지고 있다는 것은 이 글의 핵심 논지로 가장 적절하다.

③ (×) 집단 순응 사고에 관한 하나의 예시일 뿐, 글 전체의 논지라고 볼 수는 없다.

④ (×) 이 글은 집단 순응 사고로 인해 극단적인 정치세력이 힘을 얻고 있다는 점을 강조하고 있다. 정치세력이 힘을 얻기 위해서 소셜미디어의 활용이 중요하다는 것은 글에서 강조하는 핵심 내용을 포함하지 않는다.

⑤ (×) 정치인들의 기본적인 성향일 뿐, 집단 순응 사고에 관한 글 전체의 논지를 담아내지는 못한다.

문 4.

해설　　　　　　　　　　　　　　　　　　　　　　**정답 ①**

① (○) 전체 내용을 아우르고 있으며 3문단에서 제시한 질문에 대해 4문단에서 답한 내용으로서 핵심 논지에 해당한다.

② (×) 1~2문단의 내용에만 해당하며 핵심적인 키워드인 고전문학 학습이나 밈에 관한 내용이 포함되어 있지 않다.

③ (×) 3문단의 내용이며 전체 글 내용은 어렵다에서 끝나는 것이 아니라 어떻게 해결할 것인지에 대해 초점을 두고 있다.

④ (×) 밈은 핵심 키워드에 해당하지만 밈에 대한 지엽적 내용은 글 전체의 핵심 논지라고 할 수 없다.

⑤ (×) 3문단의 내용이며 문제제기의 내용을 담고 있지만 글의 핵심은 문제제기와 이에 대한 대답 모두를 포괄하여야 한다.

문 5.

정답 ⑤

① (×) 사이버 공격의 목표는 금전적인 이익의 획득 외에도 중요한 정보의 탈취, 변경, 파기 또는 정상적인 비즈니스 프로세스의 중단 등 다양하고, 사안에 따라 편차가 크기 때문에 이 중에 어떤 것이 주된 것이라고 정의하기는 어렵다.

② (×) 인터넷에 연결되지 않은 컴퓨터로 제어되는 장비도 공격의 대상이 된다.

③ (×) 사이버 공격의 경로로 활용되는 것은 와이파이, 블루투스, 휴대폰 네트워크 등이며, 이를 통해 사용자의 디지털 기기에 침입한 후 기기에 내장된 센서를 원격으로 활성화하여 원하는 목적을 달성하는 것이다.

④ (×) 은행에 대한 해킹은 불법 이익 창출에 관심 있는 해커들의 주요 해킹 대상이라는 점에서 불법 이익 창출이 주된 목적임을 알 수 있다.

⑤ (○) 블랙마켓이 해커들이 불법적으로 얻은 정보 등을 현실적 금전 이익으로 전환하는 곳이므로 이에 대한 규제 및 단속은 사이버 공격을 줄이는 효과를 가져올 수 있을 것이다.

문 6.

정답 ②

① (×) 미세플라스틱은 처음부터 매우 작은 크기로 만들어지는 1차 미세플라스틱과 일반 플라스틱이 사후 작용을 통해 매우 작아지는 경우인 2차 미세플라스틱으로 구분된다.

② (○) 미국과 캐나다는 모두 화장품에 사용되는 1차 미세플라스틱인 마이크로비즈에 대한 규제를 시행하고 있다.

③ (×) 우리나라에서는 화장품에 마이크로비즈를 사용할 수 없지만, 생활용품에는 여전히 미세플라스틱 사용을 허용하고 있다.

④ (×) 유엔환경계획이 중심이 된 해양쓰레기 예방 및 획기적 저감방안은 유엔환경총회가 마련하기로 한 것이다.

⑤ (×) 2차 플라스틱에 대한 규제에 있어 국제기구나 각국에서 이를 단독으로 규제하는 협약이나 법률은 거의 없으나, 간접적으로나마 플라스틱의 해양 투기를 규제하는 국제적인 노력이 진행되고 있다.

문 7.

정답 ⑤

① (×) 민주국가 지도자는 청중비용을 고려해야 하기 때문에 일단 행동을 한 후에는 이를 철회할 가능성이 독재국가의 지도자보다 낮다.

②, ③ (×) 청중비용은 민주국가 지도자에게는 큰 부담이 되고, 유권자를 고려할 필요가 없는 독재국가 지도자에게는 그렇지 않다.

④ (×) 위기상황이 고조될수록 청중비용은 더 커지므로, 위기상황 초기의 청중비용이 위기상황이 고조되었을 때의 청중비용보다 낮다.

⑤ (○) 높은 청중비용에도 불구하고 위협적인 외교정책이 추진되었다면, 이는 야당이 반대가 아닌 지지를 한, 즉 초당적으로 결정된 외교정책일 가능성이 높다.

문 8.

정답 ⑤

① (○) 이 진술을 참이라고 가정하면 모두 거짓이라는 말을 긍정하게 되어 거짓이 되고, 거짓이라고 가정하면 모두 거짓이라는 말을 긍정하게 되어 참이 되어야 하나 거짓이라는 가정과 모순된다. 2문단 마지막 문장에서 설명하는 발화 자체가 거짓이 되는 화용론적 역설에 해당한다고 할 수 있다.

② (○) 깜짝 시험의 역설 가정에서는 수요일 저녁에는 이미 금요일을 배제하고 목요일만 남게 되지만 실제 상황에서는 목, 금 이틀이 있으므로 깜짝 시험의 역설에서의 추론이 거짓 추론이라고 할 수 있다.

③ (○) 깜짝 시험의 역설에 따르면 일요일 밤까지 추론을 반복하면 월요일 하루만 남으므로 월요일도 갑작스럽게 볼 수 없는 날이 된다. 2문단에서는 일주일 가운데 어느 날도 갑작스럽게 볼 수 있는 조건을 만족시키지 못한다고 명확히 하고 있다.

④ (○) 2문단에 따르면 목요일 밤에서 수요일 밤으로, 그리고 이러한 추론을 반복한다고 하여 역순으로 추론하는 방법을 사용했음을 알 수 있다.

⑤ (×) 선생님은 1문단에서 월요일과 금요일 사이 시험이 있을 것이라고 말했으므로 보지 않는 것 역시 거짓이 된다.

문 9.

정답 ①

(가) '상대적 음의 높이와 길이 등을 제시한 것은 획기적이었으나'가 앞의 내용이므로 빈칸에는 이것만으로는 부족했던 무엇인가가 나와야 한다. 기보법의 발전 과정에서 궁극적인 목표점은 음에 관한 정보를 정확하게 기록하는 것이라고 할 수 있으므로 '정확한 음의 높이, 길이와 강약은 알 수 없었다.'가 가장 적절하다.

(나) 2개의 선을 통해 도음과 파음을 위치시킴으로써 기준을 제시했다는 내용이 앞에 나오므로 빈칸에는 '기준을 잡게 되었다'라는 내용이 오는 것이 가장 자연스럽다.

문 10.

해설 　　　　　　　　　　　　　　　　　　　　정답 ②

㉠ 내러티브 인식론에서의 인식이 종래의 인식론과 구별되는 근본적으로 다른 차이가 무엇인지에 관한 내용이 들어와야 한다. 따라서 종래의 이론들 전체와 차별화된다는 내용이 들어오는 것이 적절하다. 빈칸의 앞내용에 따르면, 내러티브 인식론의 차이는 각각의 인식론이 내세우는 인식의 의미가 다르다는 정도의 차이가 아니라고 했으므로 인식 개념의 의미가 다르다는 개념적 차이는 빈칸에 들어갈 내용으로 적절하지 않다.

㉡ 내러티브 인식론에서의 인식은 이야기의 개념으로 볼 수 있다. 이 인식은 듣는 사람이 있다는 것을 전제로 하며, 듣는 사람 또한 동일한 인식 활동에 종사한다. 즉 내러티브 인식론에서는 서술자가 독자적으로 참여하는 것이 아니라 서술자와 청자 간의 이야기 전달을 통해 이루어지는 것이다.

문 11.

해설 　　　　　　　　　　　　　　　　　　　　정답 ③

ㄱ. (○) 갑의 입장에서 관찰할 수 없는 것은 인식론적으로 확인이 불가능하기 때문에 존재하지 않는다.

ㄴ. (○) 종래 관찰할 수 없던 것이 기술의 발전으로 관찰할 수 있게 되는 관찰 범위의 확장은 을의 입장에서 볼 때 확실성 정도의 차이에 불과할 뿐 존재 여부에 영향을 미치지는 않는다.

ㄷ. (×) 갑은 인간의 인식범위를 초월하는 이론적 대상을 구분하고, 직접 관찰할 수 있는 것과 직접 관찰할 수 없지만 과학적 탐지장치를 사용하여 간접적으로 탐지할 수 있는 것을 구분한다. 결국 갑은 관찰 가능 여부에 따라 대상을 구분할 뿐이므로, 달처럼 맨눈으로 직접 관찰 가능한 대상이 관찰 방법에 따라 존재론적 자질이 다르다는 것은 갑의 입장이라고 볼 수 없다.

문 12.

해설 　　　　　　　　　　　　　　　　　　　　정답 ④

ㄱ. (×) 법적으로 승인되지 않은 불법 재산인 도박장 대여료를 재산의 개념에 포함했으므로 이는 A의 주장을 약화한다.

ㄴ. (○) 소매치기의 대상이 불법으로 취득한 재산인 경우로 불법취득재산이 형법상 재산으로 인정되는 경우에만 절도죄로 취급될 것이다. B는 이러한 불법재산도 재산의 개념에 포함하는 입장이므로 절도죄가 성립한다.

ㄷ. (○) B는 법률상 권리를 묻지 않고 경제적 가치가 있는 것을 재산으로 정의하고, C는 경제적 가치에 규범적 평가를 더하여 재산을 정의한다. 즉 B와 C 모두 경제적 가치를 무시하지 않는 입장이다. 따라서 경제적 가치를 무시하고 법률적 관점에서 재산의 범위를 정해야 한다는 주장을 받아들이지 않을 것이다.

문 13.

해설 　　　　　　　　　　　　　　　　　　　　정답 ③

① (○) C형 시험실은 높낮이 조절 책상이 설치되었다는 점에서 다른 시험실과 차이가 있다. 즉 높낮이 조절 책상은 지체 장애인에게 배정되는 C형 시험실에만 설치되어 있으므로 시각 장애인에게는 제공되지 않는다.

② (○) 모든 시각 장애인에게는 확대경 등 보조공학기기의 지참이 허용된다.

③ (×) 음성지원 소프트웨어가 탑재된 컴퓨터는 중증 시각 장애인에게만 배정되는 A형 시험실에만 설치되어 있으므로 지체 장애인은 이를 이용할 수 없다.

④ (○) 모든 장애인 시험실은 저층에 배정하는데, 부득이하게 그러지 못한 경우에만 엘리베이터가 설치된 시험장의 2층 이상에 배정된다. 하지만 시험장에 엘리베이터가 설치되어 있다고 해서 모두 이런 경우에 해당하는 것은 아니다.

⑤ (○) 중증 시각 장애인은 시험시간이 1.7배이므로 170분이고, 지체 장애인은 시험시간 혜택은 없으므로 그대로 100분이다. 70분 차이가 나므로 한 시간 이상이다.

문 14.

해설 　　　　　　　　　　　　　　　　　　　　정답 ①

- 소주 → 과일　…　(1)
- 과자 ∨ 맥주　…　(2)
- 과일 → ~음료수, 음료수 → ~과일　…　(3)
- ~과자 ∨ ~음료수 → ~과자 ∧ ~음료수
  (= 과자 ∨ 음료수 → 과자 ∧ 음료수)　…　(4)
- 맥주 ∧ 소주, 과자　…　(5)
- (1)과 (3)을 결합하면, 소주 → 과일 → ~음료수　…　(6)
  (= 음료수 → ~과일 → ~소주)　…　(7)

맥주를 사는 경우 (5)로 인해 소주와 과자도 사야 하고, (4)로 인해 음료수도 사야 한다. 하지만 이는 (6), (7)에 위배되므로 맥주는 사지 않는다.

맥주를 사지 않는다면 (2)에 따라 과자를 반드시 산다. 그렇다면 (4)에 따라 음료수도 산다.

음료수를 사기 때문에 (7)에 따라 과일과 소주는 사지 않는다. 따라서 甲은 과자와 음료수를 산다.

문 15.

해설   정답 ②

- 갑이 본 영화는 정도 봤으므로, 한 명만 본 올빼미는 갑이 볼 수 없다.
- 갑과 을이 본 영화 중에 병이 본 것은 없으므로, 병이 본 영화 중에 갑 또는 을이 본 영화는 없다. 정도 병이 본 영화는 보지 않았으므로 '올빼미'를 본 한 사람은 병이고, 병은 이 영화 한 편만을 보았다.
- '공조'는 세 명이 봤으므로 갑, 을, 정이 봤다.
- 갑과 정이 같이 보고, 을은 보지 않은 영화가 있다고 했으니 을은 올빼미 포함 최소 두 편은 보지 않았다.
- 을은 두 편 이하의 영화를 봤고, 갑이 본 영화는 정도 모두 봤으므로, 세 편의 영화를 관람한 사람은 정이다.

ㄱ. (×) 갑은 올빼미를 보지 않았다.
ㄴ. (×) 범죄도시를 본 사람이 두 명이라면 을은 범죄도시를 안 봤을 수도 있다.
ㄷ. (×) 병은 공조를 보지 않았다.
ㄹ. (○) 정은 올빼미를 제외한 나머지 세 편의 영화를 모두 보았다.

문 16.

해설   정답 ⑤

- B와 C 중 한 업체와 연장 계약을 맺어야 한다.
- B와 연장 계약을 연장하는 경우에는 합의금은 지불하지 않았으므로 민사소송에 휘말리게 된다.
- C와 연장 계약을 연장하는 경우에는 B와 연장 계약을 맺지 않게 되므로 S프로젝트를 포기하거나 담당부서 구조조정을 실시해야 한다.
- 담당부서 구조조정을 실시한다면 단기 계약직 채용을 실시한다.

ㄱ. (×) B와 계약을 연장하거나 S프로젝트를 포기하는 경우에는 단기 계약직 채용을 실시하지 않아도 된다.
ㄴ. (×) C와 계약을 연장하고 담당부서 구조조정을 실시하는 경우에는 민사소송에 휘말리지도 않고 S프로젝트를 포기하지도 않는다.
ㄷ. (○) 담당부서 구조조정을 실시하는 경우에는 반드시 단기 계약직 채용을 실시해야 하는데, 단기 계약직 채용을 실시하지 않았다면 담당부서 구조조정도 실시되지 않았다.
ㄹ. (○) B와 계약을 연장하지 않으면 C와 계약을 연장해야 한다. 또한 S프로젝트를 포기하거나 담당부서 구조조정을 실시해야 한다. 그러나 단기 계약직 채용도 하지 않았으므로 담당부서 구조조정도 실시하지 않는다. 따라서 이런 경우 S프로젝트를 포기하고 C와 계약을 연장한다.

문 17.

해설   정답 ⑤

ㄱ. (○) 남극빙어는 투명한 피를 가지고 있지만 혈액을 붉게 만드는 헴 분자와 철이 아예 없는 것이 아니라 1/4일 뿐이므로 피에 철 성분이 포함되어 있을 것이다.
ㄴ. (○) 햇빛에 둔 캔이 부푸는 것은 높은 온도로 인해 기체가 액체에 용해되지 못한 채로 남아 있는 상태에서 열을 받기 때문이다.
ㄷ. (○) 우리나라의 수온은 남극의 수온보다 높기 때문에 남극빙어가 필요한 산소를 제대로 공급받지 못하게 된다. 따라서 따로 산소를 공급해주는 장치 또는 수온을 낮추는 장치가 남극빙어의 생존에 필요할 것이다.

문 18.

해설   정답 ①

① (×) ESG에서 지배구조는 비재무적 측면에서 파악한 임원의 구성이나 보수 및 납세 등의 적절성에 관한 것이다. 재무적 요소는 이에 포함되지 않는다.
② (○) ESG 보고서를 통해 투자자들이 투자의사 결정에 참고하기 때문에 기업이 투자를 유치하기 위해서는 ESG 보고서를 통한 정보공개에 신경을 쓸 수밖에 없다.
③ (○) ESG를 통해 파악하려는 것이 기업의 지속가능성이고, 투자자들은 이를 투자의사 결정에 참고한다.
④ (○) 우리나라에서도 ESG 정보 검증 표준을 스스로 활용하는 기업들이 있지만 아직 이것이 의무화된 것은 아니다.
⑤ (○) 제3자의 인증은 ESG 보고서가 자의적이지 않고 정확하다는 것을 검증하는 절차이므로 이 절차가 없다면 해당 보고서의 신뢰성은 떨어질 수밖에 없다.

문 19.

해설   정답 ②

ㄱ. (×) A와 B를 비교하면 합리성을 기준으로 하나 형평성을 기준으로 하나 A를 선택한다. 따라서 어떤 판단 기준을 가지든지 A를 선택했을 것이기 때문에 어떤 판단 기준을 통해 선택했는지를 알 수 없다. 따라서 ㉠도 ㉡도 강화되지 않는다.
ㄴ. (×) A와 C 중 C를 고른 것은 합리성을 기준으로 선택한 것이다. 그런데 상황 2에서 A를 고른 것은 형평성을 기준으로 한 것이다. 다른 사람을 의식할 때 판단 기준이 바뀌었기 때문에 ㉠은 강화되지 않고 ㉡은 강화된다.
ㄷ. (○) 상황 1에서 B와 C는 중 C를 고른 것은 합리성을 기준으로 선택한 것이다. 그런데 상황 2에서 B를 고른

것은 형평성을 기준으로 한 것이다. 다른 사람을 의식하는 상황 2에서 판단 기준이 바뀌었기 때문에 ㉠은 강화되지 않고 ㉡은 강화된다.

문 20.

해설   정답 ④

ㄱ. (×) 질량, 속도, 위치만 알 수 있으면 그 물체의 움직임을 정확하게 예측할 수 있다는 것이 기계론적 자연관을 대표하는 뉴턴의 3법칙이다. 하지만 이러한 법칙과 상관없이 움직이는 물체가 발견된다면 기계론적 자연관은 약화될 것이다.

ㄴ. (○) 기계론적 자연관은 환원주의로 귀착되는데, 환원주의는 전체를 부분으로 잘게 쪼개어 하나하나를 이해하면 그것이 결합된 전체도 이해할 수 있다는 것이다. 인간의 세포에 대한 이해만으로 그 인간 전체를 이해할 수는 없다는 주장에 따르면 이러한 주장은 약화되고 환원주의를 반박하는 필자의 주장은 강화된다.

ㄷ. (○) 기계론적 자연관에 따르면 심장에 문제가 생긴 경우 심장을 고치면 문제는 해결된다. 하지만 문제가 해결되지 않고 그것이 원인이 되어 다른 곳으로 이전되는 현상이 발생했다면 이것은 기계론적 자연관을 약화시키고 필자의 주장을 강화한다.

문 21.

해설   정답 ①

(가) 새로운 방법의 공통점에 관한 서술이 와야 한다. 갈릴레이와 케플러는 기존의 방법론을 거부하고 기계화와 수학화로 대표되는 근대과학을 선도한 학자들이다. 따라서 기존의 자연에 관한 어떤 특성이나 원리를 전제하는 방법을 버리고, 경험과 실험에 의한 사실만을 수학적으로 기술하고 검증한다는 내용이 오는 것이 옳다.

(나) 갈릴레이는 (나)에 준하여 현상에서 관찰 가능한 특성을 정량적으로 서술하는 것을 연구목표로 정했다. 그리고 이러한 과제 설정은 실체적 원인에 근거하여 현상을 설명해야 한다는 기존의 연구지침을 폐기했다. 따라서 이러한 기존의 연구지침을 따르지 않고 운동에서 관찰 가능한 관계를 서술한다는 내용이 적합하다.

문 22.

해설   정답 ⑤

ㄱ. (○) 아리스토텔레스는 실체적 원리로 현상을 설명하는 기존의 연구지침에 따라 분석할 것이고, 케플러는 현상에서 관찰 가능한 관계를 서술하는 새로운 연구지침에 따라 분석할 것이다.

ㄴ. (○) 근대과학의 연구지침은 현상에서 관찰 가능한 특성을 정량적으로 서술하는 것이다. 공이 2km의 속도로 떨어졌다는 것은 이에 해당한다고 볼 수 있다.

ㄷ. (○) 2문단에 따르면, 새 과학은 기존의 패러다임을 폐기하는 지적 전회를 통해 이루어졌다. 3문단에 따르면 이러한 새 과학으로 인해 물리학은 실체적 원인에 근거하여 현상을 설명해야 한다는 기존의 연구지침은 폐기되었다.

문 23.

해설   정답 ③

ㄱ. (○) 2020년의 경우, 제1급과 제2급 감염병은 총 16만 7천 명이고 1급 감염병은 6만 명(㉠)이었으므로 2급 감염병은 10만 7천 명(㉡)이다. 따라서 ㉠과 ㉡의 차이는 4만 7천 명이다. 2021년의 경우, 제1급과 제2급 감염병은 총 67만 명이고 1급 감염병은 57만 명(㉢)이므로 제2급 감염병은 10만 명(㉣)이다. 따라서 ㉢과 ㉣의 차이는 47만 명이다. 그러므로 ㉠과 ㉡의 차이는 ㉢과 ㉣의 차이보다 작다.

ㄴ. (○) 제1급 감염병 환자 수가 2020년보다 급증한 이유는 코로나19 환자 수의 급증으로 인한 것이다. 그런데 이 코로나19의 확산으로 국민이 개인위생을 개선하고 해외여행을 자제하며 사회적 거리두기 등을 실천하면서 간접적으로 호흡기 전파 감염병 등 2급 감염병 환자 수가 줄어드는 데 일조하였다.

ㄷ. (×) 2020년보다 2021년에 2급 감염병 환자 수가 감소했지만, 새로이 2급 감염병으로 지정된 E형 감염병은 2021년에 전년 대비 증가하였다. 따라서 E형 감염병이 2급 감염병으로 지정되었기 때문에 2021년 2급 감염병 환자 수(㉣)가 줄어든 것은 아니다.

문 24.

해설   정답 ①

갑의 직원은 200명이므로 여기에 장애인 의무고용률 3.1%를 곱하면 6.2가 나온다. 이 인원 이상을 고용해야 하므로 결국 갑은 7명 이상을 고용해야 한다.

1명도 고용하지 않는 경우에는 (7 - 0) × 190만 원.
2명만 고용하는 경우에는 (7 - 2) × 140만 원. (← 2/7는 1/4~1/2 구간에 있다)
4명만 고용하는 경우에는 (7 - 4) × 120만 원. (← 4/7는 1/2~3/4 구간에 있다)

문 25.

해설   **정답** ①

제2조에 따르면 뛰는 동작으로 인하여 발생하는 소음은 직접충격 소음에 해당하며, 화장실에서 배수로 인하여 발생하는 소음은 층간소음에서 제외된다. 규칙의 개정도 제3조에 대하여만 이루어졌으므로 제2조는 그대로 적용된다. 따라서 야간에 발생하는 화장실 소음은 고려 대상이 아니다. 따라서 주간에 발생하는 직접충격 소음을 현재 발생하는 소음 정도인 40dB과 규칙상 기준인 43dB 간의 차이인 3dB을 초과하는 수준으로 개정해야 한다.

제3회

01	⑤	02	②	03	⑤	04	③	05	③
06	④	07	④	08	④	09	④	10	②
11	③	12	②	13	③	14	③	15	③
16	③	17	①	18	①	19	③	20	①
21	④	22	③	23	⑤	24	⑤	25	③

문 1.

해설   **정답** ⑤

① (○) 한사군 설치 전 기존의 교역체제는 중계 교역체제였고 고조선은 이를 통해 이득을 얻고 있었다.

② (○) 한 무제는 교역을 통해서 이득을 추구하는 대신 힘의 논리인 점령과 정복을 통해서 고조선으로부터 조세나 조공을 받는 이득을 취하려 했다.

③ (○) 한나라의 상인들은 안전을 위해서 해안과 도서 지역을 중심으로 활동했으므로 한반도 남부 내륙 지역에서는 한나라의 화폐가 적게 발견되었을 것이다.

④ (○) 삼한까지 진출하여 교역을 한 한나라 상인들은 군현의 지원을 받기는 했지만, 기본적으로 나라가 아닌 자신의 경제적 이익을 목적으로 움직인 무역상이었으므로 한나라 관리는 아니었다.

⑤ (×) 한나라 남부의 삼한 지역에서는 중국 측과 교역을 하였다는 유물이 발굴된 바 있다. 또한 한나라에 조공을 했다는 기록이 있지만 그저 형식적 관계였을 뿐 고조선과 한나라 사이의 조공 관계와 같은 수준이었다고 볼 수는 없다. 따라서 고조선처럼 교역 관계가 조공 관계로 대체되었다고 할 수는 없다.

문 2.

해설   **정답** ②

① (×) 최종 결정의 내용을 채우는 권한이 양반 사대부들에게 있었을 뿐, 최종 결정권은 군주가 쥐고 있었다.

② (○) 양반 사대부들은 봉급을 받을 때는 신하의 모습, 군주의 개혁을 막을 때는 지주계급의 모습이라는 양면적인 모습을 지니고 있었다.

③ (×) 정치적 긴장이 극대화된 경우에는 쿠데타 또는 독살이라는 비정상적 방식에 의해 긴장이 해소되곤 했다. 쿠데타와 독살 중 어떤 것이 선호되는지는 여론의 우위나 군대 분열과 같은 조건에 따라 달라진다. 따라서 이런 조건없이 정치적 긴장이 극대화되었다는 조건만으로 어떤 것이 더 유리하다고 할 수 없다.

④ (×) 군주의 힘이 더 강하여 사대부들이 여론의 우위를 잡지 못하고, 군대도 동원하기 어려운 경우에는 주로 독살로 의심되는 정황에 의해 정권이 교체되었다.

⑤ (×) 독살은 쿠데타에 비해 치러야 할 비용이 적지만, 독살 이후 정통성을 부정하지 않으면서도 이전 군주의 정책을 파괴하기 위한 노력을 많이 들여야 했다.

문 3.

해설   **정답** ⑤

① (×) 숙련 포트폴리오 노동자의 등장에 관한 내용은 하나의 현상에 대한 설명에 불과하다.

② (×) 실리콘밸리의 고용관계는 하나의 예시로 활용된 내용에 불과하다.

③ (×) 숙련 포트폴리오 노동자의 특성은 특정 개념에 대한 부분적인 설명에 불과하다.

④ (×) 필자가 제시한 부정적인 측면의 한 예에 불과하다.

⑤ (○) 필자는 기본적으로 직업 구조에 대한 새로운 현상을 설명하면서 이를 무조건 받아들이기보다는, 그전에 사회나 삶 전반에 걸친 고찰이 필요하다고 주장하고 있다.

문 4.

해설   **정답** ③

① (○) 지구가 구 모양이기 때문에 일정한 나침반 방향을 따라 항해하는 경우 지표면을 직선으로 가로지르는 것이 아닌 곡선으로 가로지르게 된다.

② (○) 투영법은 구형의 지구 표면을 평면으로 옮길 때 발생하는 오차를 최소화하기 위해 고안된 방법이다.

③ (×) 등방형의 투영법을 고안한 것은 마리누스다. 아가토데몬의 지도는 등방형이 아니어서 위도선이 휘어져 있고, 경도선도 평행하지 않았다.

④ (○) 메르카토르의 지도에서 알래스카와 그린란드의 크기는 상대적으로 더 크게 그려졌다.

⑤ (○) 메르카토르의 지도가 분포도의 정확성이 떨어지는 단점에도 불구하고 널리 쓰인 것은 방위가 정확하여 등각 항로가 직선으로 표시되면서 두 지점 사이의 각도가 지구 구면 그대로 유지됐기 때문이다.

문 5.

해설   **정답** ③

① (○) 경기와 같이 참여자가 자발적으로 선택할 수 있는 경우에는 공정이라는 개념을 사용하는 것이 적절하다.

② (○) 롤스는 정의를 공동체 구성원이 공정하게 대우받는 상황에서 그들이 자발적으로 선택하는 질서 또는 체제로 생각했다.

③ (×) 전통적 정의관은 정의를 도출된 결과에 따라 파악하는 반면, 공정으로서의 정의관은 정의를 그 형성 과정에서 구성원들이 모두 공정하게 대우받았는지에 따라 파악한다.

④ (○) 법과 같은 정의의 기준이 있지만 그 과정에 인간의 판단이 개입되고, 인간적 한계로 인해 현실이 그에 미치지 못하는 것과 같이 절차가 불완전한 경우를 불완전한 절차적 정의라 한다.
⑤ (○) 순수 절차적 정의에서는 정의를 평가하는 사전 기준이 없고, 오로지 공정한 절차를 구상할 수 있을 때 그로부터 생겨나는 결과만을 정의라 한다.

문 6.

해설　　　　　　　　　　　　　　　　정답 ④

① (×) 노드가 10개일 때 가능한 연결의 수는 10(10 - 1)/2 = 45개이다.
② (×) 노동력이 많아질수록 사용가치가 커지는 것은 노동력 상품이다. 자본재의 경우에는 자본이 커질수록 사용가치가 커질 것이다.
③ (×) 현대 자본주의의 노동력 네트워크에는 소비자들까지 포함된다.
④ (○) 노동력 네트워크가 커지면서 체증하는 잉여가치는 해당 네트워크의 소유자인 자본가에게 귀속된다. 따라서 자본가 입장에서는 이러한 네트워크의 확장이야말로 자신의 잉여가치를 키우는 좋은 방법이 된다.
⑤ (×) 플랫폼 노동자와 생산소비자 역시 그 독립적인 지위와 무관하게 네트워크에 편입되어 있으므로 네트워크에서 발생하는 지대에 기여하게 된다.

문 7.

해설　　　　　　　　　　　　　　　　정답 ④

① (×) 미국과 중국이 한반도에서 동맹국을 내세웠다는 것은 양국이 직접적으로 대결한다기보다는, 직접적인 대결을 막아주는 완충지대로 삼고 있다는 것이 문맥상 더 적절하다.
② (×) 전쟁이 일으킬 힘이 부족했던 북한이 소련의 군사지원을 받아 한국전쟁을 일으킨 사실에서 알 수 있듯이, 주변국의 지원이 한국전쟁의 발발에 큰 역할을 했음을 알 수 있다.
③ (×) 앞 문장들에 소련, 미국 등 주변국의 지원에 관한 내용이 서술되어 있으므로 지원과 무관하다는 내용은 적절하지 않다.
④ (○) 다음 문장을 보면 한국전쟁을 비롯한 과거 한반도 상황과 유사하게 현재도 한반도를 둘러싸고 각국이 첨예하게 대립하고 있음이 서술되어 있다. 따라서 상황이 이전과는 다른 양상으로 전개된다는 것이 아닌 이전과 다른 것이 없다는 의미의 문장이 오는 것이 맞다.
⑤ (×) 다음 문장에서 높은 군사적 긴장 상태에 관한 서술이 나오고 있다.

문 8.

해설　　　　　　　　　　　　　　　　정답 ④

ㄱ. (×) 등록 점포 수와 비등록 점포 수의 비율을 통해서는 높은 밀집도나 좁은 도로의 폭 등으로 인한 화재진압의 어려움이나 법제적 미흡함 등을 확인할 수 없으므로 논의된 내용을 확인하기 위해 필요한 자료라 할 수 없다.
ㄴ. (○) 법제 기준을 현행 법령에 맞추어야 하는 당위성을 설명하기 위해 문제점을 구체화하는 방법으로 전통시장 소화기 보급률 및 불량률 현황 자료를 제시하는 것은 적절하다.
ㄷ. (○) 전통시장 소방 정책을 여러 기관이 제각각 추진하여 통일성이 떨어지거나 중복된 정책이 있는지를 확인하고 더 나아가 컨트롤 타워가 담당할 정책을 파악하는 데 필요한 자료이다.

문 9.

해설　　　　　　　　　　　　　　　　정답 ④

(가) 빈칸 앞의 문장은 정치적 현실성으로서 선거를 강조하고 뒤의 문장은 민주주의의 조건 중 대부분이 선거와 관련되어 있다는 내용이다. 따라서 빈칸에는 선거가 민주주의의 판단 기준이라는 문장이 들어가는 것이 적합하다. 헌법과 선거 사이의 관계는 빈칸 앞에서 언급되지만 민주화를 저해한다는 것은 비약이며 빈칸 뒤에서는 헌법에 대한 언급이 없다.
(나) 빈칸 앞에서 선거 없이는 민주주의가 성립하지 못한다는 내용이 나온다. 빈칸 뒤에서는 선거만으로는 민주주의를 모두 설명할 수 없다는 내용이다. 따라서 선거가 민주주의의 필요조건이지만 충분조건은 아니라는 연결고리가 될 수 있는 문장이 필요하다.

문 10.

해설　　　　　　　　　　　　　　　　정답 ②

① (×) 빈칸 앞에서 조례의 내용은 상위 법령에 적합하나 근거를 두지 않았음을 알 수 있고, 빈칸 뒤에도 법령의 근거가 필요한지에 관해 묻고 있으므로 조례의 내용에 대한 지적이 들어가는 것은 옳지 않다.
② (○) 조례가 상위 법령에 근거를 두고 있지 않고, 빈칸 뒤에서 권리를 제한하는 경우에는 조례가 상위 법령에 근거가 있어야 함을 지적하고 있으므로 근거가 없어서 위법이라는 내용이 들어가는 것이 옳다.
③ (×) 빈칸 뒤에서 권리를 제한하는 조례의 경우 상위 법령에 근거가 있어야 한다고 하였으므로 권리를 제한하는 해당 조례는 위법하다. 따라서 적법하다는 선지는 옳지 않다.

④ (×) 음식점을 단속하는 새로운 규정을 두고 있어 권리를 제한하며, 식품위생법에 위배된다는 내용은 없으므로 옳지 않다.
⑤ (×) 지방자치법 제28조를 권리를 제한하지 않는 조례에 한정하는 경우 헌법에 위배되지 않으며, 상위 법령에 근거를 두지 않아도 된다는 내용은 옳지 않다.

문 11.

해설 정답 ⑤

① (×) 마이크로바이옴은 장내 미생물군 자체를 지칭하는 의미로 사용되기도 한다.
② (×) 대장이 인체의 모든 장기 중 가장 많은 미생물군을 가진 것은 맞지만, 사람의 몸에 있는 전체 미생물 중 80% 이상이 장에 있는지는 알 수 없다.
③ (×) 장내 미생물 연구가 대부분 대장을 대상으로 하여 진행하는 것은 맞지만, 그 이유가 대장이 가장 길고 표면적이 넓어서인지는 알 수 없다.
④ (×) 클로스트리디움 속이 퍼미큐테스 문의 95%를 차지하므로 락토바실러스 속보다 많지만 그 안의 구체적인 유익균과 유해균 수는 확실히 알 수 없기 때문에 단정할 수는 없다.
⑤ (○) 장내 미생물들은 우리 몸과 조화, 균형을 이루며 서식하여 유익균을 통해 우리 몸의 건강을 지켜주는 역할을 하는데 조화와 균형이 깨지면 유해균이 득세하여 질병을 초래하기도 한다. 따라서 이러한 조화와 균형 상태 여부가 장내 박테리아 분류군 각각의 상대적 비율에 영향을 미친다는 것을 알 수 있다.

문 12.

해설 정답 ②

ㄱ. (×) 갑과 을의 주장에서는 모두 노를 젓는 공간과 포를 쏘는 공간이 분리되어 있다. 따라서 갑과 을의 주장을 모두 강화시킨다.
ㄴ. (×) 판옥선에 지붕을 덮는다는 것은 거북선이 3층 구조라는 을의 주장은 강화하지만 2층 구조라는 병의 주장은 약화시킨다.
ㄷ. (○) 거북선이 활동하던 당대의 그림에 격군과 포대가 같은 공간에 있다면, 이것은 병의 주장을 강화시키고 갑과 을의 주장은 약화시키는 자료가 된다.

문 13.

해설 정답 ③

ㄱ. (○) 2021~2040년에 해당하는 단기의 모든 시나리오에서 최적 추정 온도는 1.5도 이상이다.
ㄴ. (○) 필자가 가장 현실적이라고 생각하는 시나리오는 SSP3-7.0이다. 이 시나리오에서 중기 최적 추정 온도는 2도 이상인 2.1도이다.
ㄷ. (×) 비현실적이라고 평가받는 SSP1-1.9를 제외하면 전 인류가 최선을 다해 기후위기에 대응하는 현실적 시나리오는 SSP1-2.6이다. 이 시나리오의 장기 최적추정온도는 1.8도이고, 최악의 시나리오인 SSP5-8.5의 장기 최적 추정 온도는 4.4도이므로 2.6도 낮출 수 있다.

문 14.

해설 정답 ④

제시된 내용을 정리해보면 다음과 같다.
갑은 햄버거를 먹지 않는데, 피자나 햄버거 중 최소 하나는 먹어야 하므로 피자를 먹는다.
: ~햄버거, 햄버거 ∨ 피자 ⇒ 피자
갑이 피자를 먹는다면 치킨을 먹지 않고, 치킨을 먹지 않는다면 김밥을 먹는다. 따라서 갑은 김밥을 먹는다.
: 피자 → ~치킨, ~치킨 → 김밥 ⇒ 피자 → 김밥
따라서 갑은 피자와 김밥을 먹는다.
: 피자, 피자 → 김밥 ⇒ 피자, 김밥

문 15.

해설 정답 ③

마지막 두 조건의 대우는 다음과 같다.
→ B가 참석하지 않는 날에는 A도 참석하지 않는다.
→ B 또는 F가 참석하지 않는 날에는 D도 참석하지 않는다.
이를 바탕으로 조건을 표로 나타내보면 다음과 같다.

	월요일		수요일		금요일	
	오전	오후	오전	오후	오전	오후
A					×	×
B					×	×
C	×		×		×	
D			×		×	×
E						
F				×		
G	×	×				

ㄱ. (○) 금요일 오전에 스터디를 한다면, 참석하지 않는 사람이 4명이므로 참석하는 사람보다 많다.
ㄴ. (○) 금요일 오후에 스터디를 한다면, 3경은 참석하지 않는다.
ㄷ. (×) 수요일 오후에는 모두가 참석 가능하다.

문 16.

정답 ③

갑, 을, 병은 행정학 스터디를 하지 않고 경제학 스터디에 3명 이상이 참여 중이고 병이 포함된 스터디에 정은 포함되지 않으므로 갑과 을은 경제학 스터디에 반드시 참여한다.

ㄱ. (○) 갑이 포함된 스터디에 을도 항상 포함되기 때문에 을도 행정법 스터디에 참여한다. 각각 두 개의 스터디에 참여하기 때문에 갑과 을은 행정학과 정치학 스터디에는 참여하지 않는다. 병이 참여하는 스터디에 정이 참여하지 않으므로 병이 행정법과 경제학 스터디에 참여하면 정은 정치학 스터디에 참여하고 (참여과목 두 개) 병은 참여하지 않는다. 반면 병이 정치학 스터디에 참여하면 정이 참여하지 않기 때문에 정치학 스터디에 참여하는 사람은 한 명뿐이다.

ㄴ. (×) 갑과 을이 정치학 스터디에 참여하면서 정이 정치학 스터디에 참여하는 경우도 있으므로 옳지 않다.

ㄷ. (○) 4명이 두 과목씩 들으며 경제학은 반드시 세 명이 듣는다. 갑과 을이 같은 스터디에 참여하며 두 과목씩만 듣는다는 것을 생각하면 한 명씩 듣는 과목이 두 개, 세 명씩 듣는 과목이 두 개가 된다.

문 17.

정답 ①

① (×) 유전체 일치율의 차이가 크면 유전율이 높다. 조현병의 유전체 일치율의 차이는 30%인데, 제1형 당뇨병의 유전체 일치율 차이는 35%로 더 크다. 따라서 제1형 당뇨병의 유전율이 조현병의 유전율보다 높을 것이다.

② (○) 유전율이 1에 가까울수록 유전자가 큰 영향을 미치므로 질병의 원인일 가능성이 높아진다. 따라서 유전율이 0.9인 질병은 유전자가 원인일 가능성이 높다.

③ (○) 일란성 쌍둥이는 하나의 난자와 하나의 정자가 결합하여 수정란이 발생하는 과정에서 세포 덩어리가 두 개로 갈라져서 생기는 경우이다.

④ (○) 단일 유전자 질환의 경우 일란성 쌍둥이의 유전체 일치율이 거의 100%에 가까워야 한다. 그러나 구순구개열의 경우 30%에 그치므로 단일 유전자 질환에 해당하지 않는다.

⑤ (○) 어떤 질환의 가족력이 있더라도 유전이 원인일 수도 있고, 생활습관 및 환경의 공유가 원인일 수도 있다.

문 18.

정답 ①

ㄱ. (○) 시민적 민족주의는 국가 안에 다양한 종족이 존재하기에 특정 종족의 문화에 치우친다면 분열을 야기할 수 있다. 문화적 공동체의 성격이 강한 종족적 민족주의에서는 상대적으로 이런 분열이 적게 나타날 것이다.

ㄴ. (×) 종족적 민족주의는 국가가 존재하지 않기 때문에 '대중 민족주의'가 주로 나타난다. 이와 달리 시민적 민족주의는 '국가 주도 민족주의'와 '대중 민족주의'가 모두 나타난다. 따라서 종족적 민족주의에 '국가 주도 민족주의'가 나타난다고 할 수 없다.

ㄷ. (×) '국가 주도 민족주의'가 나타나는 경우, 의도성과 강제성이 높다. 시민적 민족주의는 국가 주도 민족주의와 대중 민족주의가 모두 나타나며, 종족적 민족주의는 자발적 성향이 높은 대중 민족주의만 나타난다. 따라서 종족적 민족주의가 더 강제적으로 민족주의를 추진한다는 설명은 적절하지 않다.

문 19.

정답 ③

ㄱ. (×) 2문단에 따르면 병원균에 감염된 콩은 정상기능을 유지하기 위해 단위 시간당 물질생산이 증가한다. 그러나 병이 진전되면 성장과정이 원활하게 되지 못한다. 따라서 감염 시 초기에는 물질생산이 오히려 증가하며, 물질생산이 성장량을 증가시킨다는 점을 미루어 볼 때 성장과정이 원활하지 못한 것은 물질생산이 이후 감소하는 것이다. 따라서 오히려 물질생산이 일시적으로 증가하였다가 감소한다.

ㄴ. (○) 3문단에 따르면 호흡은 에너지 대사에 영향을 받는다. 그리고 에너지 대사는 광합성을 통해 얻은 이산화탄소를 사용한다. 감염된 콩은 엽록체 반응이 저하되며 이는 광합성을 어렵게 하고, 따라서 에너지 대사 역시 저하 된다. 따라서 감염된 콩은 호흡이 줄어들 것이다.

ㄷ. (×) 4문단에 따르면 감염되는 경우 기공 주변에 병원균과 분비물이 쌓인다. 마지막 문장에 따라 체내에 수증기를 붙잡아두는 것이 어렵게 될 것이고, 이는 수증기가 더 많이 손실됨을 의미한다. 기공 저항은 수증기의 손실 정도를 의미하기 때문에 오히려 기공 저항이 증가한다.

문 20.

정답 ①

ㄱ. (○) 글의 기본적인 논지는 각 국가의 직업 구조와 고용 구조는 각기 다양하기 때문에 미국을 기준으로 만들어진 모형에 따라 일률적으로 분석해서는 안 된다는 것이므로 한국의 서비스업 비중이 크게 늘어났다는 사실은 글의 주장을 강화시키지도 약화시키지도 않는다.

ㄴ. (×) 캐나다 등 G7 중심의 선진 경제에서 서비스업이 큰 비중을 차지하고 있다는 것은 필자도 인정하는 점이다.

ㄷ. (×) 프랑스와 독일은 모두 선진 경제에 속하는 나라들로 이들에서 제조업 비중이 감소하였다는 사실은 필자도 동의하고 있는 바이므로 글의 주장을 강화시키지도 약화시키지도 않는다.

문 21.

해설   **정답 ④**

(가) 세종은 하천의 기능을 하수도로 규정하였고, 이와 같이 하천의 기능을 하수도로 설명한 것은 어효첨이다. 이선로는 단지 하천의 미적 측면과 이를 위한 규제의 측면에서만 논하고 있으므로 적절하지 않다.

(나) 흘러가지 못한 오물로 인해 배수로의 기능을 상실한 것이므로, 흘러가지 못한 오물이 쌓여 하천의 밑바닥이 교량에 닿을 정도로 높아졌다는 문장이 가장 적절하다. 물이 메마른 것과 쌓인 오물과의 인과관계는 알 수 없으며, 악취와 배수로의 기능은 간접적으로 연관되어 있을 뿐 직접적인 관계로 보기는 어렵다.

문 22.

해설   **정답 ③**

ㄱ. (○) 이선로는 하천의 깨끗함을 강조하는 반면, 어효첨은 도읍의 깨끗함을 위해 하천을 제대로 활용해야 한다고 주장하고 있다.

ㄴ. (○) 19세기 말까지 개천 바닥을 깊이 파서 물이 잘 흐르도록 하는 준천 사업이 계속되었으나, 이것만으로는 시대의 변화에 대처할 수 없었다는 내용을 통해 알 수 있다.

ㄷ. (×) 하수도를 지하에 위치시켜야 한다는 인식은 개항 이후 여러 상황이 복합적으로 작용하여 나타난 것이다. 인구의 증가로 인한 배수로의 문제는 조선 후기 영조 대에도 있었지만 당시에는 이 문제를 준천사업으로 해결했으므로, 인구 증가가 하수도를 지하에 위치시켜야 한다는 생각을 하게 만든 결정적 요인이라고 볼 수 없다.

문 23.

해설   **정답 ⑤**

① (○) 공통규정으로 공사 중인 현장에서는 작업이 중지되어야 하고, 심각 지역의 공사 중인 현장에 대해 실력행사가 가능하므로 심각 지역에서 작업이 중지되지 않았다면 실력행사가 가능하다고 보아야 할 것이다.

② (○) 경계 지역에서 지진이 동반된 경우에는 10층 미만의 건물에 있는 옥외 대피소로 대피하여야 하므로 11층에 있는 경우에는 그곳으로 대피할 수 없다.

③ (○) 대피장소 및 경보단계별 규정 세 번째 규정에 따르면 자택 대기 경우에도 언제든지 대피 명령이 나올 수 있다. 따라서 자택 대기가 원칙인 주의 지역이라도 옥외 대피소로 대피할 수 있다.

④ (○) 대피장소 및 경보단계별 규정에 따르면 실내 구호소에서는 현장 소방서장의 지시가 가장 우선시된다. 따라서 삼각 지역의 대피장소인 실내 구호소에서는 소방서장의 지시가 있다면 이에 따라야 한다.

⑤ (×) 엘리베이터 사용 금지는 지진 동반이나 경보단계에 상관없이 적용되는 규정이다. 따라서 지진이 동반되지 않은 경우라도 엘리베이터를 이용하여 대피하는 것은 허용되지 않는다.

문 24.

해설   **정답 ⑤**

① (×) 해촉 사유 간의 우열이나 해촉 사유 선택에 관한 규정은 제시되어 있지 않으므로 개인 사정에 의해 임의로 사임하는 것이 불가능하다고 단정할 수 없다.

② (×) 개인 사정으로 사임하는 경우는 해촉 사유 중 앞부분 5가지 중 하나에 해당하므로 주민자치회 회의 의결 없이 구청장에게 통보하면 해촉된다.

③ (×) 금고 이상의 형의 선고를 받은 경우 주민자치회 회의 의결 없이 구청장에게 통보하면 해촉되며 해촉 통보일을 해촉일로 본다.

④ (×) 구청장에게 해촉 통보를 하는 것으로 해촉되는 것이므로 구청장의 해촉 승인은 필요하지 않고 해촉 통보를 한 날 해촉된 것으로 본다.

⑤ (○) 개인 사정으로 인한 사임과 금고 이상의 형의 선고로 인한 해촉 모두 해촉 사유 중 앞부분 5가지에 해당하므로 자치회의 의결 없이 구청장에게 해촉 요구를 통보하는 것으로 해촉되며 해촉 요구를 통보한 날에 해촉된 것으로 본다.

문 25.

해설   **정답 ③**

ㄱ. (○) 유전적 변이는 비전략적이고 무작위로, 문화적 변이는 의도적으로 일어난다는 것이 글의 주장이다. 그런데 목적성을 가진 유전자 조작으로 인해 유전적 변이가 발생할 수 있다는 것은 유전적 변이에 어떤 의도가 영향을 준다는 의미이므로 유전적 진화가 비전략적으로 진행된다는 주장은 강화되지 않는다.

ㄴ. (×) 진화의 속도 차이에 대한 글의 주장은 문화적 진화 과정에서는 정보를 학습하고 전달하는 시간이 매우 짧게도 일어난다는 것이다. 물리적 한계가 없는 문화적 진화에서 수직적 진화의 특성이 더 빠르다는 것은 오히려 이런 시간 단축을 강화하는 요인이 될 수도 있으므로 글의 주장을 약화시킨다고 볼 수 없다.

ㄷ. (○) 다윈의 자연선택론은 문화적 진화 과정과 유사한 점이 있지만, 문화적 진화에서 일어나는 수평적 전달의 모습은 설명할 수 없다.

국가공무원 7급 공개경쟁채용 제1차 시험 답안지

컴퓨터용 흑색사인펜만 사용

책형
㉮ ㉯ ㉰ ㉱ ㉲

[필적감정용 기재]
* 아래 예시문을 옮겨 기재하시기 바랍니다.
본인은 OOO(응시자성명)임을 확인함

기 재 란

성 명	
자필서명	본인 성명 기재
응시직렬	
응시지역	
시험장소	

응시번호							
	⓪	⓪	⓪	⓪	⓪	⓪	⓪
	①	①	①	①	①	①	①
	②	②	②	②	②	②	②
	③	③	③	③	③	③	③
④	④	④	④	④	④	④	④
⑤	⑤	⑤	⑤	⑤	⑤	⑤	⑤
	⑥	⑥	⑥	⑥	⑥	⑥	⑥
	⑦	⑦	⑦	⑦	⑦	⑦	⑦
	⑧	⑧	⑧	⑧	⑧	⑧	⑧
	⑨	⑨	⑨	⑨	⑨	⑨	⑨

생년월일					
⓪	⓪	⓪	⓪	⓪	⓪
	①	①	①	①	①
	②		②	②	②
	③		③	③	③
	④		④		④
	⑤		⑤		⑤
⑥	⑥		⑥		⑥
⑦	⑦		⑦		⑦
⑧	⑧		⑧		⑧
⑨	⑨		⑨		⑨

※시험감독관 서명
(성명을 정자로 기재하시기 바랍니다.)

적색 볼펜만 사용

언어논리영역 (1~10번)					
1	①	②	③	④	⑤
2	①	②	③	④	⑤
3	①	②	③	④	⑤
4	①	②	③	④	⑤
5	①	②	③	④	⑤
6	①	②	③	④	⑤
7	①	②	③	④	⑤
8	①	②	③	④	⑤
9	①	②	③	④	⑤
10	①	②	③	④	⑤

언어논리영역 (11~20번)					
11	①	②	③	④	⑤
12	①	②	③	④	⑤
13	①	②	③	④	⑤
14	①	②	③	④	⑤
15	①	②	③	④	⑤
16	①	②	③	④	⑤
17	①	②	③	④	⑤
18	①	②	③	④	⑤
19	①	②	③	④	⑤
20	①	②	③	④	⑤

언어논리영역 (21~25번)					
21	①	②	③	④	⑤
22	①	②	③	④	⑤
23	①	②	③	④	⑤
24	①	②	③	④	⑤
25	①	②	③	④	⑤

국가공무원 7급 공개경쟁채용 제1차 시험 답안지